FACULTÉ DE DROIT DE PARIS.

DE LA

PRESCRIPTION ACQUISITIVE

EN DROIT ROMAIN ET EN DROIT FRANÇAIS.

THÈSE POUR LE DOCTORAT

L'acte public sur les matières ci-après sera soutenu
le vendredi, 7 août 1857, à 2 heures

PAR

Auguste-Joseph MERLIN,

Avocat à la Cour impériale de Paris.

Né à Boulogne-sur-mer (Pas-de-Calais).

Président : M. ROYER-COLLARD, Professeur.

SUFFRAGANTS :

MM. PELLAT, doyen
BUGNET
DE VALROGER

} Professeurs.

LABBÉ   Suppléant.

Le Candidat répondra en outre aux questions qui lui seront faites
sur les autres matières de l'enseignement.

PARIS,
IMPRIMERIE DE MOQUET
92 RUE DE LA HARPE.
1857

40031

A LA MÉMOIRE DE MON PÈRE

A MA MÈRE, A MA SŒUR.

DROIT ROMAIN.

DE L'USUCAPION

ET DE

LA PRESCRIPTION DE LONG TEMPS.

1. La propriété a commencé par la possession ; elle s'établit, à l'origine, par l'occupation des choses qui n'appartiennent à personne : *Dominium ex naturali possessione cœpisse Nerva filius ait* (fr. 1, § 1, 41, 2). La propriété et la possession ne se sont détachées l'une de l'autre qu'après la formation des sociétés, quand l'homme a rencontré dans l'activité de ses semblables des limites à sa propre activité. Néanmoins, tout en se séparant de la propriété, la possession a continué d'avoir avec elle un rapport intime ; elle en est devenue l'exercice et le moyen le plus énergique de conservation.

2. Même après l'établissement des sociétés, la possesssion fut encore un mode d'acquérir la propriété des choses *nullius*, comme les animaux sauvages, les objets trouvés sur le rivage, les choses abandonnées (*ibid.*). Mais, en dehors de là, la possession ne suffit plus à elle seule pour rendre propriétaire. Dès lors, il arriva plus d'une fois dans la pratique que tel qui était possesseur n'était pas propriétaire, et réciproquement. Le législateur dut se préoc-

cuper de cette situation, et il imagina d'envisager la possession, abstraction faite de la propriété. Il en fit comme un droit à part et lui assura des effets importants.

5. Avant d'examiner ces effets, il est nécessaire d'analyser succinctement la notion de la possession.

Paul, dans la loi I, pr., au Digeste, *de adq. vel amitt. poss.*, nous donne l'étymologie du mot *possessio* : « Possessio appellata est « (ut et Labeo ait) a sedibus, quasi positio : quia naturaliter tenetur ab « eo qui ei insistit. » L'étymologie vraie du mot *possessio* se trouve dans le verbe *posse*, qui caractérise la possibilité d'agir sur la chose, condition essentielle de la possession. Mais ce n'est là que le premier élément de la possession; ce n'est qu'un fait dépourvu de tout effet juridique : *ea res facti, non juris est*, disent les jurisconsultes. La détention corporelle n'est qu'un acte extérieur qui ne manifeste pas suffisamment la personnalité de celui qui l'accomplit. Il faut qu'à l'occupation physique se joigne l'intention de posséder la chose à titre de maître. Quand ces deux éléments se trouvent réunis, la possession devient un droit, la loi l'entoure de sa protection et de son respect : *possessio non tantum corporis, sed juris est* (fr. 9, § 1, 41, 3).

Ainsi, nous trouvons dans la possession légale deux éléments distincts : le fait, qui n'est autre chose que la possibilité d'agir sur la chose; l'intention de maître, qui est comme la cause impulsive de la relation physique qui s'établit entre le sujet et l'objet de la possession. Les jurisconsultes romains exprimaient ces idées en disant que la possession s'acquiert *corpore et animo* (fr. 3, § 11, 41, 2).

4. D'après une théorie célèbre, il faut distinguer, en droit romain, trois sortes de possessions. Suivant l'interprétation de M. de Savigny, la possession, dans sa signification primitive, désigne l'existence d'un acte extérieur accompagné de l'*animus domini*. En rapprochant de cette situation les effets juridiques que le droit civil y attache moyennant certaines conditions, on obtient une possession spéciale dite *possessio civilis*. C'est cette possession qui conduit à l'usucapion.

A côté de cette possession civile subsiste la notion première de la possession, dégagée de l'idée d'usucapion. Elle est protégée par

les interdits et prend le nom de *possessio naturalis*, quand on l'oppose à la *possessio civilis*. C'est, par exemple, dans le cas de donation entre époux, la possession de l'époux donataire qui ne peut
point usucaper.

La possession proprement dite rentre dans le domaine du droit
par les interdits qui la garantissent. Considérée en elle-même, elle
est suffisamment désignée par le mot *possessio*. Mais à côté d'elle
se trouve le simple fait de la détention sans idée de maîtrise ; on
l'exprime par ces mots : *possessio naturalis*, qui ne sont plus l'opposé de *possessio civilis*, mais désignent un simple fait matériel.

Nous rencontrons toutefois une possession toute spéciale, qui
ne peut entrer dans cette classification. C'est celle du créancier
gagiste, du précariste, auxquels on accordait les interdits possessoires, comme s'ils détenaient *animo domini*, quoiqu'ils n'eussent
qu'une possession purement naturelle, une simple détention matérielle (fr. 36, 41, 2 ; fr. 15, § 1ᵉʳ, 2, 8 ; fr. 4, § 1, 43, 26).

5. D'après ce qui précède, nous voyons que la possession, se
rapprochant de la propriété quant à son origine, et continuant
après sa séparation d'avec elle d'en être l'exercice le plus naturel,
mérite, à juste titre, la protection de la loi. Aussi, le législateur lui
a-t-il assuré des avantages en rapport avec le rôle important qu'elle
est appelée à jouer comme auxiliaire de la propriété.

6. Les principaux avantages de la possession sont les suivants :
Elle donne instantanément la propriété des choses *nullius*.

Quant aux choses qui appartiennent à autrui, elle permet de les
détenir jusqu'à ce que quelqu'un ait prouvé en être propriétaire.

Elle fait acquérir les fruits perçus de bonne foi.

Elle ouvre au possesseur les voies judiciaires, en cas de trouble
ou de spoliation.

Enfin elle conduit, après un certain temps, à l'acquisition de la
propriété, pourvu qu'elle remplisse certaines conditions déterminées.

7. C'est ce dernier effet de la possession que nous avons à étu-
dier spécialement. Pour procéder avec ordre, nous diviserons notre travail en trois parties. Dans la première, nous traiterons de
l'usucapion ; dans la seconde, nous nous occuperons de la prescription de longtemps introduite par le droit prétorien ; dans une troi-

sième et dernière partie, nous examinerons les importantes modifications que Justinien a apportées en cette matière.

PREMIÈRE PARTIE.

DE L'USUCAPION.

8. L'usucapion, dans les Pandectes, est définie par Modestin, en
ces termes : « Usucapio autem est adjectio dominii per continuationem possessionis temporis lege definiti » (fr. 5, 41, 3). L'usucapion est un mode d'acquérir la propriété par la possession prolongée sans interruption pendant tout le temps prescrit par la loi.
Il faut compléter cette définition en faisant remarquer qu'il ne s'agit
pas d'une possession quelconque, mais bien d'une possession accompagnée d'un juste titre et de la bonne foi. C'est à raison de ces
deux dernières conditions que la possession mérite la faveur de la
loi et peut s'élever jusqu'à la propriété.

L'usucapion a son origine dans la loi des Douze-Tables : « Usus
auctoritas fundi biennium ; cæterarum rerum annuus usus esto »
(tab 6, cap. 3).

9. Par le rapprochement de ces deux textes, nous pouvons constater que les expressions *usus auctoritas* de l'antique langue juridique sont synonymes du mot *usucapio* venu plus tard. La valeur
significative de ces deux expressions est la même : toutes deux indiquent, suivant l'époque où elles eurent cours, le rôle principal
que joue la possession dans cette institution du droit civil romain.
D'après la loi des Douze-Tables, la possession, continuée pendant
le temps requis, donne une garantie contre l'éviction ; plus tard,
on exprime la même idée en disant que la même possession confère le droit de propriété. Les résultats sont identiques.

10. Le but de l'usucapion est clairement défini par ces paroles
de Gaïus : « Bono publico usucapio introducta est, ne scilicet qua-
rumdam rerum diu et fere semper incerta dominia essent, quum

sufficeret dominis ad inquirendas res suas statuti temporis spatium » (fr. 1, 41, 5). Ainsi, l'usucapion a été introduite pour remédier aux conséquences funestes à l'intérêt public, qu'entraîne avec elle toute incertitude dans la propriété. Sans l'usucapion, en effet, personne ne saurait affirmer être propriétaire, malgré la légitimité de son titre et la longue durée de sa possession, parce que tout possesseur devrait rigoureusement prouver que tous ceux qui l'ont précédé dans la possession de la chose depuis l'origine jusqu'à son auteur immédiat, en avaient la propriété : preuve impossible à faire. L'impossibilité de cette preuve ferait planer sur la propriété une incertitude perpétuelle, source de contestations et de procès, obstacle à toute amélioration des biens. L'usucapion, en dispensant de cette preuve, vient consolider la propriété sur la tête du possesseur et lui permettre de réaliser sur la chose toutes les améliorations qu'elle comporte, au grand avantage de la société tout entière. C'est ainsi que l'usucapion a sa raison d'être dans un motif d'intérêt public. Mais comme il ne faut pas que le motif du bien public serve de prétexte au dépouillement du vrai propriétaire, la loi a déterminé un délai pendant lequel le maître peut rechercher et réclamer son bien. Le délai d'un ou deux ans peut paraître bien court ; mais il s'explique par cette considération, qu'à l'époque de la loi des Douze-Tables, Rome n'avait pas encore mis le pied hors de l'Italie, et qu'ainsi, les propriétés étant renfermées dans un espace assez restreint, les Romains vivaient près de leurs champs et étaient plus à même de les surveiller et de repousser toute usurpation.

11. Maintenant que nous connaissons l'origine et le but de l'usucapion, nous devons rechercher son objet. L'objet de l'usucapion était double, et, pour le bien comprendre, il est nécessaire de voir en peu de mots comment la propriété était organisée chez les Romains.

12. La loi des Douze-Tables ne reconnaissait qu'une sorte de propriété. Le citoyen seul pouvait y aspirer. Les jurisconsultes lui donnèrent le nom de *dominium ex jure Quiritium*. Gaïus dit, en effet : « Aut enim ex jure Quiritium unusquisque dominus erat, « aut non intelligebatur dominus. » (Inst. 2, § 40.) Mais la rigueur de ce droit primitif s'adoucit, et l'on finit par reconnaître parallèlement

au domaine *ex jure Quiritium* une propriété particulière qui n'avait pas de nom spécial, mais qu'on désignait par ces mots : *in bonis habere*. C'est ainsi que Gaïus ajoute, au même paragraphe : « Sed postea divisionem accepit dominium, ut alius possit esse ex « jure Quiritium dominus, alius in bonis habere. »

Dans quel cas avait-on le *dominium ex jure Quiritium* ? Dans quel cas aussi avait-on la chose *in bonis* ? I a distinction de ces deux propriétés tient à une division fondamentale des choses dans la législation romaine et aussi au mode d'aliénation qui avait été employé.

13. Gaïus et Ulpien nous disent, en effet, que les choses se divisent en *res mancipi* et *res nec mancipi*. Ils rangent dans la première classe les immeubles situés en Italie, les servitudes d'héritages ruraux, les esclaves, les bêtes de somme ou de trait, les bœufs, les chevaux, les ânes et les mulets. La seconde classe comprend nécessairement tout ce qui est exclu de la première, les fonds provinciaux, les animaux sauvages, les servitudes urbaines et toutes les choses incorporelles autres que les servitudes rurales. Les choses *nec mancipi* comme les choses *mancipi* participaient au droit de la cité romaine, elles pouvaient se transmettre d'une personne à une autre par les modes du droit civil. Mais les unes et les autres comportaient un mode d'aliénation qui leur était exclusivement propre ; pour les choses *mancipi*, c'était la mancipation, mode essentiellement romain ; pour les choses *nec mancipi*, c'était la tradition, mode du droit des gens.

14. La mancipation était une image du mode de vente en usage chez les anciens Romains, à l'époque où, la monnaie étant presque inconnue, on donnait les métaux au poids. C'était une vente symbolique qui se faisait par des paroles solennelles, en présence de cinq témoins et d'un porte-balance (*libripens*), tous pubères et citoyens romains. La mancipation était, comme nous l'avons dit, exclusivement propre aux choses *mancipi* ; pour les choses *nec mancipi*, elle n'était qu'un acte vain et inutile. Ainsi les choses étaient *mancipi* ou *nec mancipi*, suivant qu'elles étaient ou non susceptibles de mancipation (Gaïus, Inst. 2, 15-23 ; Ulp., Reg., 19, 1-5).

15. Ces principes connus, si une chose *mancipi* avait été livrée

ex justa causa par le propriétaire, comme la tradition est insuffisante pour en transférer la propriété romaine en l'absence de la mancipation ou de la cession juridique, l'*accipiens* n'en avait pas acquis le *dominium ex jure Quiritium*, il l'avait *in bonis*. Mais s'il l'avait possédée un an ou deux ans, suivant qu'elle était mobilière ou immobilière, il acquérait sur elle un droit de propriété complet, *pleno jure*, nous dit Gaïus. Ainsi le premier objet de l'usucapion était de suppléer à la mancipation ou à la cession juridique dans l'aliénation des choses *mancipi* (Gaïus, Inst. 2, 40-42).

Si une chose *mancipi* ou *nec mancipi*, peu importe, avait été livrée *ex justa causa*, par une personne qui n'en était pas propriétaire, le *tradens* n'avait pu transférer un droit qu'il n'avait pas lui-même. L'*accipiens* n'avait donc pas acquis la propriété; mais, si à la possession d'un an ou deux ans, il joignait u⋯ ⋯dition nouvelle, la bonne foi, l'usucapion le rendait propriét⋯ . Ainsi le second objet de l'usucapion était de conduire à l'acquision de la propriété des choses *mancipi* ou *nec mancipi* livrées *a non domino* (Gaïus, *ibid.*, § 43).

16. C'est surtout à ce dernier point de vue, plus important parce qu'il était plus pratique, que nous étudierons l'usucapion. Nous verrons successivement : 1º quelles personnes peuvent acquérir l'usucapion; 2º quelles choses en sont susceptibles ; 3º quelles sont les diverses conditions requises pour usucaper ; 4º enfin, quels sont les effets de l'usucapion.

CHAPITRE PREMIER.

QUELLES PERSONNES PEUVENT ACQUÉRIR L'USUCAPION.

17. L'usucapion étant de droit civil, il fallait être citoyen pour l'acquérir. La loi des Douze-Tables ne laisse aucun doute sur ce point ; elle s'exprimait ainsi : « Adversus hostes æterna auctoritas esto » (tab. 6, cap. 5).

En principe, il n'y avait donc que les citoyens qui pussent usucaper, parce que seuls ils pouvaient participer au *jus Quiritium*, au *jus civitatis*, à ce droit de la cité, dont les anciens Romains s'étaient montrés si jaloux. Il n'y avait primitivement aucun intermédiaire entre le citoyen et l'étranger.

18. Plus tard, on communiqua aux habitants de certaines provinces ou à certaines personnes déterminées, soit tous les avantages du *jus civitatis*, soit quelqu'un de ses démembrements. Les personnes auxquelles le *commercium* avait été accordé, soit collectivement, soit individuellement, par une faveur du peuple ou de l'empereur, pouvaient former avec les citoyens des contrats, réaliser des acquisitions, des aliénations, selon le droit civil. Il en résultait pour ces personnes, la faculté d'acquérir par usucapion. Ainsi on put, dès ce moment, poser en règle, que tous ceux qui avaient le *commercium*, citoyens ou étrangers, pouvaient usucaper.

19. Le citoyen acquérait l'usucapion ou par lui-même ou par ceux qu'il avait sous sa puissance, comme ses enfants et ses esclaves. Le père de famille, *paterfamilias*, était le seul maître dans la maison, *in domo dominium habet*; il avait pouvoir sur tout ce qui s'y trouvait, personnes et choses. Tous ceux qui lui étaient soumis s'absorbaient dans sa personne; ils n'étaient que ses instruments. Tout ce qu'ils acquéraient, ils l'acquéraient pour lui : « Qui in potestate nostra est, nihil suum habere potest. » (Gaïus, Inst. 2, § 87). Comme c'est par la possession que procède l'usucapion, il nous suffira d'indiquer par quelles personnes le chef de famille pouvait acquérir la possession pour savoir par là même quelles étaient celles par lesquelles il acquérait l'usucapion.

20. Le maître acquérait la propriété par ses esclaves, même à son insu et malgré lui. La loi l'investissait de ce droit sans son consentement. Il n'en était pas de même par rapport à la possession. Nous savons, en effet, que la possession légale se compose de deux éléments : la détention corporelle et l'idée de maîtrise sur la chose. Cela posé, quand un esclave appréhendait la possession en son nom ou au nom de son maître, mais sans son ordre, le fait de la détention corporelle était bien accompli par lui; mais le second élément, l'*animus domini*, ne pouvait se réaliser qu'au moment où le maître avait connaissance du fait de son esclave; et cela se com-

prend, l'intention est essentiellement personnelle. Ainsi le maître ne pouvait acquérir la possession par son esclave, à son insu et contre son gré. Papinien disait à ce sujet : « Scientiam domini esse « necessariam, sed corpore servi quæri possessionem. » Paul exprimait la même idée en ces termes : «Animo nostro, corpore etiam « alieno, possidemus (fr. 41, § 1, 41, 2; fr. 3, § 12, *ibid.*).

21. Toutefois, au principe d'après lequel le maître ne pouvait acquérir à son insu la possession par son esclave, on avait fait une exception générale pour tout ce que l'esclave recevait en possession à raison de son pécule (*pro peculio*). Il en était alors de la possession comme de la propriété ; le maître l'acquérait même à son insu, parce qu'en permettant à son esclave d'avoir un pécule, il était censé avoir la volonté de posséder ce pécule et tout ce qui en dépendait. Par là, comme l'explique Papinien, on échappait à l'inconvénient de forcer les maîtres à descendre, à chaque instant, dans les détails de l'administration du pécule. « Quæsitum est cur ex « peculii causa per servum ignorantibus possessio quæreretur? Dixi « utilitatis causa jure singulari receptum, ne cogerentur domini per « momenta species et causas peculiorum inquirere. » (fr. 41, § 1, 41, 2; fr. 1, § 5, *ibid.*).

L'esclave acquérait donc à son maître la possession de tout ce qu'il recevait par son ordre ou à raison de son pécule. Dans les autres cas, la possession n'était acquise au maître que lorsqu'il joignait sa volonté à la détention corporelle de l'esclave.

22. Ce que nous venons de dire s'appliquait rigoureusement, à l'origine, aux fils de famille soumis à la puissance du père. On ne faisait primitivement aucune différence entre les acquisitions d'un fils de famille et celles d'un esclave. Mais, dans la suite, les fils de famille purent avoir des biens en propre, sous le nom de pécule, et acquérir pour eux-mêmes la possession et l'usucapion de ce qui composait ce pécule. On distinguait, avant Justinien, trois sortes de pécules dont les biens appartenaient au fils de famille, le pécule *castrans*, le pécule *quasi-castrans*, le pécule *adventice*.

23. Le pécule *castrans* se composait de tout ce que le fils de famille avait acquis à l'occasion du service militaire. Le pécule *quasi-castrans*, établi à l'imitation du pécule *castrans*, comprenait tout ce qu'il avait gagné en qualité d'officier du palais impérial,

Enfin, il existait un troisième pécule, appelé *adventice*, que Constantin avait accordé au fils de famille pour tous les biens recueillis par lui dans l'hérédité maternelle, et qui fut étendu successivement à tout ce qui provenait au fils de famille, par succession ou donation, de tous ses ascendants de la ligne maternelle. Le fils avait la pleine propriété des deux premiers pécules; il acquérait donc pour lui-même l'usucapion de tout ce qui pouvait y entrer. Quant au pécule *adventice*, le fils n'en avait que la nue propriété, l'usufruit en appartenant à son père. Il s'en suit qu'il acquérait bien l'usucapion de ce qui composait ce pécule, mais qu'il devait réserver à son père l'usufruit de ce qu'il acquérait ainsi.

Depuis Justinien, le fils de famille acquiert la propriété ou l'usucapion de toutes choses, sauf celles qui lui viennent des deniers de son père : «Quidquid ex re patris ei obvenit » (Iust. 2, 9, § 1).

24. Le chef de famille acquérait encore la possession par les personnes qu'il avait *in manu* ou *in mancipio*. À l'époque de Justinien, il n'est plus question de la *manus* et du *mancipium* qui ont complétement disparu.

25. On pouvait aussi acquérir la possession par les esclaves dont on avait l'usufruit ou l'usage et par les hommes libres ou esclaves qu'on possédait de bonne foi, mais dans les mêmes circonstances où l'on pouvait par eux acquérir la propriété. Ceci demande quelques mots d'explication. Les hommes libres ou esclaves qu'on possédait de bonne foi, les esclaves dont on avait l'usufruit, n'acquéraient la propriété à l'usufruitier ou au possesseur de bonne foi, que lorsqu'elle provenait *ex re fructuarii aut possessoris* ou bien *ex operibus suis*. Quant à l'usager d'un esclave, il ne profitait que des acquisitions de l'esclave qui provenaient *ex re ejus*. Il faut appliquer les mêmes règles à l'acquisition de la possession. Observons, toutefois, que ces distinctions n'avaient d'intérêt que dans le cas où ces personnes appréhendaient la possession en leur propre nom, et que, si elles l'appréhendaient au nom de l'usufruitier, du possesseur ou de l'usager, elle lui était acquise par elles comme par tout autre personne (fr. 54, § 2, 41, 2).

26. Cela nous amène à dire qu'on pouvait aussi acquérir la possession par une personne étrangère, *per liberam et extraneam personam*. Il existait, en droit romain, un principe général, en vertu

duquel une personne ne pouvait être représentée par une autre dans les actes de la vie civile. Ce principe s'était opposé à ce que la possession pût être acquise *per extraneam personam*. Néanmoins, cette règle ne tarda pas à fléchir. Une constitution d'Alexandre-Sévère, consacrant un principe proclamé déjà par les jurisconsultes (fr. 51, 41, 2 ; fr. 41, 41, 5), déclara la possession acquise au mandant par le mandataire (Const. 1, C. 7, 52). Ce fut là un point spécial à la possession (fr. 49, § 2, 41, 2 ; fr. 11, § 6, 15, 7).

27. Mais il faut, pour cela, que nous ayons personnellement donné mandat de recevoir pour nous. Notre procureur nous acquiert alors la possession dès l'instant qu'il a la chose à sa disposition, avant même que nous le sachions. Le mandat que nous avons donné manifeste suffisamment notre volonté : « Procurator, si quidem, mandante domino, rem emerit, protinus illi adquirit posses-sionem (Paul. Sent. 5, 2, § 2).

28. Il n'en est pas de même du cas où une personne, gérant nos affaires sans que nous le sachions, reçoit pour nous une chose ; comme nous ignorons entièrement la détention qu'elle exerce pour nous, la possession ne nous est pas acquise, elle ne pourra l'être que par notre ratification : « Quod si sua sponte emerit, non, nisi « ratam habuerit dominus emptionem. » (Paul, *ibid.*)

29. Nous avons dit que, pour acquérir la possession, il n'était point nécessaire que le mandant eût connaissance du fait du mandataire. Mais cette connaissance était requise pour usucaper. C'était une conséquence de ce qu'on exigeait, la bonne foi dans la personne du possesseur (fr. 47, 41, 5 ; Const. 1, C. 7, 52).

50. Ainsi, en résumé, le chef de famille pouvait acquérir l'usucapion par lui-même, par ses esclaves, ses fils de famille, les personnes qu'il avait *in manu* ou *in mancipio*, et même par une personne étrangère.

51. Le pupille acquérait, dans tous les cas, l'usucapion des choses qu'il possédait avec l'autorisation de son tuteur. A défaut de cette autorisation, il ne l'acquérait que lorsqu'il était *pubertati proximus*, parce qu'alors il était considéré comme ayant déjà quelque intelligence des affaires : *aliquem intellectum habet* (Gaïus, Inst. 5, § 109). Si le pupille *infans* ou *infantiæ proximus* pouvait posséder avec l'autorisation de son tuteur, c'était même par une exception

au principe, d'après lequel il faut, pour posséder un objet corporel, le détenir *animo domini*. L'enfant qui n'est pas d'âge à comprendre ce qu'il fait, ne peut avoir cette intention de maître. Mais on admet, par une raison d'utilité, que l'autorisation du tuteur viendrait suppléer à ce qui manque au jugement de l'enfant. C'est l'intérêt du pupille qui a fait déroger, en cette circonstance, aux principes stricts du droit (fr. 32, § 2, 41, 2). Un rescrit de l'empereur Dèce a consacré ce point d'une manière formelle ; la raison que l'empereur donne de sa décision repose sur cette idée très-logique de Papinien, à savoir que, si l'intention de l'enfant à qui on fait tradition d'une chose n'était pas suffisamment remplacée par l'autorisation du tuteur, il devrait s'en suivre que la tradition faite au tuteur lui-même serait impuissante à faire acquérir la possession à l'enfant, de telle sorte que cet enfant ne pourrait acquérir d'aucune manière la possession par son tuteur (Const. 3, C. 7, 32).

52. Le furieux ne peut usucaper, parce qu'il ne possède pas, n'ayant pas l'intelligence de sa possession , *quia non intelligit quid agat* (Gaïus, Inst. 3, § 106). Toutefois, et quoique la possession ne se conserve que par l'intention, le furieux acquiert l'usucapion des choses dont il a reçu tradition avant sa démence : *Furiosus, quod ante furorem possidere cœpit usucapit* (fr. 4, § 3, 41, 3). Mais il n'en était ainsi que par une exception toute de faveur.

53. Le citoyen, captif chez l'ennemi, ne peut usucaper, parce que, pendant sa captivité, il ne peut ni acquérir, ni conserver la possession. Ulpien disait que le captif étant possédé lui-même, ne pouvait être censé posséder ; *nam cum possideatur, possidere non videtur* (fr. 118, 50, 27). L'effet du *postliminium* était bien de restituer le captif dans tous ses droits ; mais cette fiction ne s'appliquait pas aux choses de fait, comme la possession (fr. 23, § 1, 4, 6).

54. Nous savons, néanmoins, qu'une personne pouvait posséder à son insu les choses que son esclave ou son fils de famille avait reçues à raison de son pécule. Ce droit exceptionnel amène cette conséquence importante, que le captif, quoique incapable de posséder, pouvait acquérir, par son esclave ou son fils, l'usucapion des choses livrées à l'un ou à l'autre *ex causa peculii*. Ce que nous disons du captif s'applique en tous points au furieux. L'enfant peut aussi, sans autorisation, usucaper les biens livrés à son esclave

pour la même cause (fr. 8, 41, 5; fr. 28, *ibid*; fr. 44, § 7, *ibid.*)

55. L'hérédité vacante représente la personne du défunt : « Hereditas personam defuncti sustinet. » (fr. 34, 41, 1.) Elle forme une sorte de personne morale, propriétaire des biens héréditaires. A s'en tenir à la vérité des choses, l'hérédité, pure abstraction juridique, ne devrait pas être admise au bénéfice de l'usucapion; et, en effet, la possession, qui en est l'élément principal, ne repose sur la tête de personne. C'est ce que Papinien faisait observer en disant : « Quemadmodum etenim usucapietur, quod ante defunctus « non possederat? » (fr. 45. § 1, 41, 5.) Ce ne fut que par une sorte de fiction que l'hérédité jacente put acquérir l'usucapion. Cette fiction prolonge la vie et le domaine du défunt jusqu'à l'adition d'hérédité. Il existait donc, en cette matière, un droit particulier : « Sed hæc jure singulari recepta sunt », nous dit Papinien (fr. 41, § 5, 41,5). Ainsi, d'abord. une chose achetée par le défunt, peut être acquise à la succession, si le temps qui manque à l'usucapion vient à s'accomplir avant l'adition d'hérédité. C'est une conséquence directe de la fiction; la possession, commencée par le défunt, continue après sa mort, parce qu'il est censé se survivre à lui-même pour conserver la possession. Mais on allait plus loin, et on décidait qu'un esclave héréditaire commençait à usucaper, avant l'adition d'hérédité, une chose acquise depuis la mort de son maître, une chose que le défunt n'avait jamais possédée. C'était franchir les limites de la fiction; mais l'intérêt de l'héritier avait fait consacrer cette grave dérogation aux principes. « Nondum aditæ hereditatis tempus usucapioni datum est; sive servus hereditarius « aliquid comparat, sive defunctus usucapere cœperat. » (fr. 44, § 5, 41, 5; fr. 40, *ibid.*).

56. Enfin, les municipes pouvaient acquérir l'usucapion par leurs esclaves ou par leurs représentants. Toutefois, ce principe ne fut pas admis sans contestation. Il est, en effet, des jurisconsultes qui prétendaient que les municipes ne pouvaient posséder par leurs esclaves, parce qu'ils ne possédaient pas ces esclaves eux-mêmes. Mais cette opinion ne fut pas suivie et on admit que les municipes pouvaient acquérir la possession non seulement par leurs esclaves, mais même par une personne libre qui représentait leurs intérêts. (fr. 1, § 22, 41, 2; fr. 2, *ibid.*)

CHAPITRE II.

57. Il y avait, en droit romain, un principe qui jouait un rôle important. Par suite d'une habitude de langage, les jurisconsultes désignaient la propriété par l'objet même sur lequel elle porte et la confondaient avec lui. Au contraire, quand il s'agissait d'un démembrement de la propriété, droit d'usufruit, de servitude, on mentionnait expressément le droit lui même, et on le distinguait ainsi de la chose sur laquelle il reposait. De là la division des choses en choses corporelles et en choses incorporelles. Cette théorie avait une influence considérable sur la possession. Car les jurisconsultes ne reconnurent, comme susceptibles de possession, que les choses corporelles (fr. 3, pr. 41, 2). La possession ne s'appliquait point aux démembrements de la propriété, aux *jura in re*, choses incorporelles. « *Quia nec possideri intelligitur jus incorporale.* » (fr. 4, § 27, 41, 3).

58. Or, comme en matière d'usucapion, la possession est la condition fondamentale, les choses corporelles sont les seules qui puissent être usucapées, parce qu'elles sont seules susceptibles d'une possession véritable. Gaïus nous dit cependant que ce sont elles qui font surtout l'objet de l'usucapion : « Usucapionem recipiunt maxime res corporales. Le jurisconsulte semble exprimer par là qu'il ne faut pas exclure du bénéfice de l'usucapion les choses même incorporelles. Toutefois, l'allusion que fait Gaïus est fort limitée ; elle se rapporte à un petit nombre de choses incorporelles, dont l'usucapion était permise à certaines époques de la législation romaine et a été rejetée ensuite.

Ainsi, d'abord l'hérédité pouvait être usucapée. Cette usucapion spéciale, connue sous le nom d'usucapion *pro herede*, n'exigeait pour élément que le fait du possesseur accompagné de sa volonté.

Celui qui s'emparait des meubles ou des immeubles d'une succession, les usucapait par le laps d'une année, et malgré sa mauvaise foi. Cette espèce d'usucapion avait été établie pour forcer les héritiers de faire adition au plus tôt, afin que les sacrifices ne fussent pas interrompus et que les créanciers du défunt pussent réclamer leurs droits. Gaïus nous apprend que l'empereur Adrien restreignit l'usucapion *pro herede* au cas où il existait un héritier nécessaire. Elle perdit ainsi une grande partie de son utilité pratique (Gaïus, Inst. 2, § 52 à 58).

59. L'allusion de Gaïus se réfère ensuite aux servitudes. En effet, les prudents, regardant l'usage comme une sorte de possession par rapport aux servitudes, avaient imaginé pour elles une espèce d'usucapion. Mais cette jurisprudence fut abolie par la loi *Scribonia*, qu'on place communément en 720, sous le triumvirat d'Antoine, d'Octave et de Lépide. On ne connaît pas d'autre passage relatif à cette loi que le fragment suivant de Paul : « Eam usucapionem sustulit lex Scribonia quæ servitutem constituebat. » (fr. 4, § 29, 41, 3.) Depuis cette époque, toutes les choses incorporelles furent soustraites à l'usucapion, et Gaïus put énoncer plus tard ce principe : « Incorporales res traditionem et usucapionem non recipere manifestum est. » (fr. 43, § 1, 41, 1.)

Remarquons toutefois que, d'après la législation des Pandectes, on recouvre par usucapion la liberté d'un héritage soumis à une servitude urbaine. Les servitudes urbaines consistant dans la position où l'élévation des bâtiments, ont par cela même un exercice continu. Si le propriétaire du fonds servant opère un changement qui empêche l'exercice de la servitude, si, par exemple, le maître d'un héritage grevé de la servitude *non altius tollendi*, construit au-dessus de la hauteur fixée, le maintien du nouvel état de choses pendant deux ans, produit à son profit une sorte d'usucapion qui restitue à son héritage sa liberté primitive. Mais ce n'est plus là une usucapion constitutive de la servitude (fr. 4, § 29, 41, 3.).

40. D'après ce qui précède, nous voyons que les choses corporelles sont seules susceptibles d'usucapion ; mais parmi les choses corporelles il en est d'une nature telle, qu'elles répugnent à toute idée d'acquisition par un mode quelconque : ce sont celles qui se trouvent hors du commerce et ne peuvent faire l'objet d'un droit de

propriété, comme les personnes libres, les choses sacrées ou religieuses. (Gaïus, Inst. 2, § 48.)

41. Il existe aussi des choses qui, quoique susceptibles en elles-mêmes de propriété privée, ne peuvent s'acquérir par usucapion, à raison d'une prohibition légale : c'est en ce sens que Justinien dit, dans ses Instituts : « Sciendum est rem talem esse debere ut in se non habeat vitium, ut usucapi possit. » (Inst. 2, 6, § 10.) Les choses vicieuses sont celles dont l'usucapion est prohibée par la loi.

42. D'abord, l'usucapion des choses volées est défendue par la loi des Douze-Tables et par la loi Atinia. Le législateur n'a pas voulu que le maître d'une chose pût être frustré par un vol de sa propriété, et pour cela il lui a accordé le droit de la revendiquer partout et toujours , sans qu'on pût jamais lui opposer l'usucapion. Il est à supposer que la loi des Douze-Tables avait porté sur ce point une disposition générale, et la loi Atinia, qu'on place en 557 de Rome, est venue développer cette disposition en décidant formellement que la chose volée pourrait être acquise par usucapion, lorsqu'elle serait revenue aux mains du propriétaire (fr. 4, § 6, 41, 3 ; fr. 33, pr. ibid. ; fr. 215, 50. 16).

43. Le vol est tout déplacement frauduleux de la chose d'autrui : « Furtum est contrectatio rei fraudulosa. » (Inst. 4, 1, § 2.) Celui qui vend ou donne de mauvaise foi la chose d'autrui commet un vol. Il résulte de cette définition que les meubles peuvent seuls faire l'objet d'un vol ; et, en effet, ce n'est que pour eux qu'il peut s'agir d'un déplacement ou d'une soustraction. Toutefois, certains jurisconsultes, entre autres Sabinus, avaient pensé que les immeubles étaient aussi susceptibles d'être volés. Mais cette opinion ne fut pas admise, comme nous le dit Gaïus : « Abolita est enim quorumdam veterum sententia existimantium etiam fundi locive furtum fieri. » (fr. 38, 41, 3.)

44. Ainsi les meubles volés ne peuvent être acquis par usucapion. Mais il faut bien entendre cette règle. Elle ne s'applique pas au voleur lui-même, puisque, quand il n'y aurait pas eu de disposition spéciale sur ce point, sa mauvaise foi est un obstacle perpétuel à l'usucapion. Cette règle signifie que tous possesseurs, même de bonne foi, auxquels la chose volée pourra être transmise successivement, seront incapables de l'acquérir par usucapion.

45. Le vol consistant dans tout déplacement frauduleux de la chose d'autrui, il s'en suit que l'usucapion des meubles est très-rare et très-difficile. En effet, quand le propriétaire n'a pas consenti à l'aliénation de sa chose, il arrive presque toujours que celui qui la livre à un tiers commet un vol.

46. Toutefois, il peut en être autrement. Nous savons, en effet, que le vol ne peut exister que par la réunion de ces deux éléments, le fait et l'intention, *contrectatio et affectus furandi*. Il peut se présenter des cas où l'intention frauduleuse manque et où par conséquent l'usucapion n'est point empêchée. Justinien nous en fournit, dans ses Instituts, deux exemples qu'il a empruntés à Gaïus. Ainsi, un héritier, prenant pour un bien de l'hérédité un objet qui n'appartenait pas au défunt, mais qui lui avait été remis à titre de commodat, de louage ou de dépôt, cet héritier, croyant à tort que cet objet lui appartient, l'aliène de bonne foi ; l'aliénation est pure de tout vice et l'usucapion pourra courir au profit du tiers acquéreur de bonne foi (Inst. 2. 6, § 4 ; fr. 56, pr. 41. 5).

47. Le second exemple est celui ci : Une personne, s'imaginant à tort que le part de l'esclave, dont elle a l'usufruit, lui appartient, le vend à un tiers. Le part d'une esclave, n'étant pas un fruit, appartient au nu propriétaire, et non à l'usufruitier. Ce dernier a donc vendu la chose d'autrui ; mais, comme il a agi sans intention, *sine affectu furandi*, il n'a point commis de vol ; il a été dans une erreur de droit qui l'empêcherait personnellement d'usucaper, mais qui ne saurait avoir d'effet contre le tiers acquéreur de bonne foi. (Inst. 2. 6, § 5 ; fr. 56. § 1. 41. 5).

48. Gaïus nous cite encore le cas d'une personne qui, se croyant par erreur appelée à une hérédité, aliène un objet qui en fait partie (fr. 56, § 1. *ibid.*). Paul décide aussi qu'il n'y a pas vol dans le fait d'une personne qui s'empare d'une chose dans la fausse persuasion que le propriétaire l'a abandonnée (fr. 4. 41. 7.).

49. Enfin Papinien suppose qu'un mandataire, chargé de vendre des esclaves, vient à mourir, et que ses héritiers ignorant que le mandat se dissout par le décès du mandataire, et croyant de leur devoir d'exécuter le mandat donné à leur auteur, vendent ces esclaves à des tiers de bonne foi. Le jurisconsulte décide qu'en l'absence de toute intention coupable de la part des héritiers du man-

3

dataire, les acheteurs de bonne foi de ces esclaves peuvent en acquérir l'usucapion (fr. 57. 17. 1).

Dans ces différentes espèces, il n'y a pas vol, parce qu'il n'y a pas intention coupable ; il n'y a qu'une erreur, qui ne suffit pas pour entacher l'acte d'aucun caractère de criminalité et pour empêcher l'usucapion.

50. Le vice résultant du vol subsiste et fait obstacle à l'usucapion, tant que la chose n'est pas rentrée au pouvoir du propriétaire. On suppose que ce dernier point a été spécialement réglé par la loi Atinia, comme addition à la disposition générale de la loi des Douzes Tables. C'est ce que nous avons déjà eu occasion de faire remarquer plus haut. Le vice se trouve donc purgé par le retour de la chose aux mains du propriétaire, et dès ce moment l'usucapion redevient possible. Il suit de là que, pour savoir si une chose est susceptible d'usucapion, il faut considérer non pas précisément si elle a été volée à une époque quelconque, mais si elle l'a été depuis la dernière fois que le maître en a recouvré la possession.

51. Mais dans quel cas pourra-t-on dire que la chose volée est rentrée au pouvoir du propriétaire ? Toutes les fois qu'il en a repris la possession d'une manière légale, comme d'une chose lui appartenant, sachant bien qu'elle lui a été volée : « Quum possessionem ejus nanctus sit juste, ut avelli non possit, sed et tanquam suæ rei » (fr. 4, § 12. 41. 3). En conséquence, si, ignorant que la chose lui a été volée, le maître l'achète, elle n'est pas censée rentrée en son pouvoir. Il en est de même du cas où la chose revient aux mains de son procureur, sans qu'il en ait connaissance (fr. 41. 41. 5).

52. Toutefois il est un cas où il n'est pas nécessaire que le maître sache que la chose lui a été rendue, c'est celui où il ignore qu'elle lui a été volée et où elle revient aux mains de celui par qui il la possédait. Ainsi un meuble est déposé chez une personne ; le dépositaire le vend pour en bénéficier, puis, se repentant de cet acte d'infidélité, il le rachète et le reprend au même titre qu'auparavant, à titre de dépôt. Dans cette circonstance, le vice est purgé, malgré l'ignorance du maître, et l'usucapion est possible (fr. 4, § 10. 41. 3).

53. Enfin il est d'autres circonstances où le vice peut se trouver

effacé. Les jurisconsultes nous donnent pour exemples le cas où le maître a, depuis le vol, vendu la chose au voleur (fr. 52, pr. 41. 3.); celui où, sur l'action en revendication intentée par lui, le défendeur, au lieu de lui restituer la chose elle-même, lui en paie l'estimation (fr. 4, § 13. *ibid.*); celui où il consent à ce que la chose soit livrée en d'autres mains (fr. 4, § 14. *ibid.*).

Il faut rattacher à ce que nous venons de dire la prohibition d'usucaper un esclave fugitif. On a considéré sa fuite comme un vol qu'il fait de sa propre personne : *sui furtum facere intelligitur* (fr. 60, 47, 2).

54. Le part de l'esclave volée est aussi *res furtiva*, si la mère était enceinte lors du vol ou l'est devenue chez le voleur, que l'enfant naisse chez ce dernier ou chez un possesseur de bonne foi. Si l'esclave volée conçoit et enfante chez le possesseur de bonne foi, l'enfant n'est plus chose volée, et ce possesseur peut en acquérir l'usucapion.

Ulpien, dans la loi 48, D. *de furtis*, semble assimiler le part des esclaves et le croît des animaux en ce sens que, pour pouvoir être acquis au possesseur de bonne foi, il faudrait que ni l'un ni l'autre n'eût été conçu chez le voleur; mais cette opinion n'a pas prévalu, parce qu'elle n'est pas en harmonie avec les principes sur l'acquisition des fruits. Nous en trouvons la preuve dans les lois 48, § 2, *de adq. rer. dom.* et 4, § 19, *de usurp. et usucap.*, où nous voyons le jurisconsulte Paul ne pas s'inquiéter du moment de la conception, mais uniquement de celui de la naissance, pour décider si le croît d'un animal volé peut être acquis au possesseur de bonne foi. Le jurisconsulte s'attache pour tous les fruits au moment où ils se séparent de la chose principale; c'est alors que cette chose doit se trouver chez le possesseur de bonne foi, pour que ses fruits puissent lui être acquis. Dans le cas contraire, les fruits recueillis chez le voleur contractent tout naturellement le vice dont la chose qui les a produits se trouve elle-même infectée.

Il faut observer en passant que le croît de l'animal volé appartient au possesseur dès le moment de sa naissance, tandis que le part de l'esclave volée ne lui est acquis qu'après l'expiration du temps requis pour l'usucapion. Le possesseur de bonne foi, en effet, gagne bien les fruits, mais non les autres accessoires; or, *partus ancillæ non numerantur in fructu.*

55. Ce que la loi des Douze-Tables et la loi Atinia avaient statué relativement aux meubles volés, fut étendu, d'abord par la loi *Plautia*, ensuite par la loi *Julia*, aux immeubles envahis par violence. Les immeubles, en effet, répugnant à l'idée d'un déplacement, d'une soustraction, n'étaient pas, dans l'opinion générale des jurisconsultes, susceptibles d'être volés. Il fallait donc à leur égard une disposition spéciale pour le cas où ils auraient été possédés de force. Les lois *Plautia* et *Julia*, portées, la première en 665, la seconde en 746, vinrent régler ce cas en prohibant l'usucapion des immeubles dont quelqu'un s'est emparé par violence (fr. 6, 47, 8).

56. Pour que la violence existe, il faut que le possesseur ait été expulsé par force, et que celui qui l'a expulsé se soit emparé de la possession. Il suit de là que si une personne expulse violemment une autre de l'héritage qu'elle possède, sans se mettre elle-même en possession, et qu'un tiers, étranger à ce qui s'est passé, s'empare de la possession, l'usucapion n'est point empêchée, parce que la possession du tiers n'est point l'effet de la violence (fr. 4, § 22, 41, 5).

De même, si une personne s'empare de la possession sans violence et s'oppose ensuite à ce que le propriétaire la reprenne, il n'y a point violence, et par suite point d'obstacle à l'usucapion (fr. 4, § 28; fr. 33, § 2, 41, 5).

57. Il faut appliquer au vice résultant de la violence ce que nous avons dit de celui résultant du vol. Ainsi la prohibition d'usucaper un immeuble possédé par violence est inutile à l'égard du ravisseur, puisqu'il est de mauvaise foi; mais elle s'applique aux possesseurs de bonne foi auxquels cet immeuble pourra être transmis. La violence est purgée, comme le vol, par le retour de la chose aux mains du propriétaire, pourvu qu'il sache que c'est bien sa propre chose qu'il a recouvrée.

58. L'usucapion, étant considérée comme une sorte d'aliénation tacite, ne saurait s'appliquer aux choses dont l'aliénation est prohibée par la loi, soit dans un intérêt d'ordre public, soit à raison d'un privilège accordé à leur propriétaire.

59. Ainsi les biens appartenant au peuple ou aux cités ne sont pas sujets à l'usucapion (fr. 9, 41, 5).

60. Il en est de même des biens du fisc. Le fisc, en effet, a le privilége de ne jamais perdre par usucapion les choses qui lui appartiennent. Les biens vacants, c'est à dire ceux des personnes décédées sans successeurs, sont acquis au fisc, même avant d'avoir été dénoncés par les agents préposés à cet effet ; mais jusque-là ils sont encore susceptibles d'usucapion (fr. 18, 41, 5; const. 2, C. 7. 50).

61. Si, au mépris de la loi Julia, le mari aliène le fonds dotal sans le consentement de sa femme, l'acquéreur ne pourra l'usucaper (Gaïus, Inst. 2, § 63). Toutefois le fonds dotal peut être acquis *per longum tempus*, lorsque la prescription a commencé avant la constitution de dot (fr. 16. 25, 5).

62. Les biens des pupilles sont aussi à l'abri de l'usucapion, si l'on s'en rapporte à un texte de Paul (fr. 48, pr. 41, 1). La raison qu'on en peut donner, c'est que les pupilles sont incapables de rien aliéner sans l'autorisation de leur tuteur.

63. Nous rencontrons cependant d'autres textes qui viennent démentir cette décision. Ainsi Julien (fr. 7, § 5, 41, 4; fr. 36, § 4, 47, 2) suppose qu'un immeuble, appartenant à un pupille, lui a été volé, soit par le tuteur lui-même, soit par une autre personne, et il se demande quand le vice résultant du vol pourra être purgé; c'est donc que l'usucapion est possible! Autrement, à quoi bon examiner cette question? Paul lui-même (fr. 4, § 11, 41, 5) contredit sa première décision, puisqu'il se pose la même question que Julien. Il n'y aurait aucun intérêt à déclarer le vice purgé dans ces différentes espèces, si la chose par cela seul qu'elle appartient à un pupille, n'était pas sujette à l'usucapion.

64. Cujas (Observ. 24, 14.) a donné sur cette apparente contradiction des textes une explication qui me paraît parfaitement admissible. Le grand jurisconsulte remarque, en effet, que la loi 48 parle d'un immeuble, tandis que les autres textes, s'occupant d'objets volés, ne peuvent évidemment se rapporter qu'à des meubles. La conclusion qu'il en tire, c'est que l'usucapion des meubles était permise, celle des immeubles prohibée. Cette distinction est conforme à l'esprit du droit romain, qui se montrait plus facile pour l'aliénation des meubles que pour celle des immeubles, et qui exi-

geait, pour cette dernière, des formalités qu'on ne saurait rencontrer dans l'espèce d'aliénation tacite opérée par l'usucapion. D'ailleurs, cette distinction peut seule donner une signification aux textes précités. Ces textes, en décidant que les meubles volés à un pupille sont purgés du vice qui les infecte dès le moment où ils sont rentrés au pouvoir du tuteur, n'ont aucun sens possible, si le pupille est d'une manière générale, et pour tous ses biens, à l'abri de l'usucapion.

65. On pourrait soutenir cependant, en l'absence de toute décision positive sur ce point, que les biens des pupilles étaient indistinctement soumis à l'usucapion. En effet, Paul, dans la loi 48, ne s'occupe des pupilles qu'incidemment et par forme d'exemple (*veluti si res pupilli sit*), par suite l'interpolation est très-supposable, d'autant plus que, d'après la version des Basiliques, c'est *publica* et non *pupilli* qui se trouve dans l'original.

66. Quant aux pubères, mineurs de vingt-cinq ans, ils étaient traités moins favorablement que les pupilles; il parait certain que l'usucapion courait contre eux sans distinction. Ils avaient moins besoin de protection que les pupilles, leur intelligence étant plus développée; d'ailleurs, n'étant pas sous la puissance d'un tuteur, mais pourvus seulement d'un curateur, ils avaient une assez grande liberté dans l'administration de leurs biens. Seulement ils pouvaient être restitués *in integrum* par le préteur, lorsque ce magistrat reconnaissait qu'ils avaient éprouvé un préjudice. Les empereurs Dioclétien et Maximien accordent expressément le bénéfice de la *restitutio in integrum* aux mineurs dont les biens ont été usucapés. C'est ce qui résulte de la constitution unique, au Code, 2, 36. Il est évident que ce bénéfice eût été inutile, si l'usucapion avait été suspendue à leur profit.

CHAPITRE III.

QUELLES SONT LES CONDITIONS REQUISES POUR USUCAPER.

67. La condition fondamentale de l'usucapion, c'est la possession,

non pas une possession quelconque, mais une possession civile composée des deux éléments que nous avons indiqués précédemment, la détention corporelle et l'intention de maître.

68. En comprenant d'une manière plus ou moins large, suivant les cas, l'acquisition de la possession par l'appréhension corporelle de la chose, on peut poser en règle générale, que toutes les fois que la chose, que nous avons reçue, se trouve enfermée dans la sphère de notre action, le premier élément de la possession civile se trouve réalisé.

69. L'acquisition de la possession résultera de tous les faits qui ont pour conséquence de permettre à l'*accipiens* d'exercer son pouvoir sur la chose. Ces faits consisteront, soit dans la présence de la chose, (fr. 77, 6, 1 ; fr. 18, § 2, 41, 2 ; fr. 1, § 21, 41, 2 ; fr. 79, 46, 3 ; fr. 51, 41, 2) ; soit dans la remise de la chose *sub custodia accipientis*, s'il s'agit d'un meuble, (fr. 18, § 2, 41, 2 ; fr. 9, § 5, 25, 5) ; soit dans une situation antérieure, (fr. 9, § 5, 41, 1 ; fr. 9, § 9, 12, 1) ; soit dans la remise des titres, (const. 1 au Code, 8, 54).

70. Remarquons, toutefois, que nous n'entendons parler ici que de l'acquisition dérivée de la possession, de celle qui résulte d'un contrat ou autre acte juridique qui dépouille l'une des parties et investit l'autre. L'acquisition originaire de la possession ne peut se produire que par un fait actif et suffisamment caractérisé, accompli sur la chose. Il est même nécessaire que ce fait soit accompagné de l'abandon de l'ancien possesseur, s'il en existe un, ou d'une résistance qui lui est opposée victorieusement(fr. 6, § 1, 41, 2).

71. On possède, non seulement par soi-même, mais par d'autres qui ont la détention matérielle, sans avoir le fait légal de possession. Ainsi, mon procureur possède pour moi la chose qui lui a été livrée de mon consentement : « *Quisquis omnino nostro nomine sit in possessione, veluti procurator, hospes, amicus, nos possidere videmur* (fr. 9, 41, 2).

72. Quant à l'intention de maître, second élément de la possession légale, elle consiste dans la volonté de posséder la chose comme propriétaire, d'en jouir à l'exclusion de tout autre. De là, il suit que le locataire, le mandataire, l'emprunteur, le dépositaire, n'ont pas la possession légale de la chose qu'ils détiennent corpo-

rellement; ils ne sont que les instruments du propriétaire. C'est le cas de dire avec les jurisconsultes romains : « *procurator alienæ possessioni præstat ministerium* (fr. 18, pr. 41, 2).

73. La possession, telle que nous venons de la définir, n'est efficace pour l'usucapion qu'autant qu'elle présente certains caractères. Elle doit durer sans interruption pendant tout le temps requis par la loi, être fondée sur une juste cause, être acquise avec bonne foi. Nous traiterons, dans trois sections différentes, du temps requis pour l'usucapion, de la juste cause et de la bonne foi.

SECTION PREMIÈRE.

Du temps requis pour l'usucapion.

74. Le temps de l'usucapion est défini par Ulpien, en ces termes: « *Usucapio est autem Dominii adeptio per continuationem possessionis anni vel biennii; rerum mobilium anni, immobilium biennii.* » (Ulp. Reg. 19, 8). Le délai de l'usucapion est donc d'un an pour les meubles, de deux ans pour les immeubles.

75. Ce délai se compte par jour et non par heures : « *In usacapionibus non a momento ad momentum, sed totum postremum diem computamus* (fr. 6, 41, 3).

Il doit être continu, c'est à dire durer sans interruption. L'interruption de l'usucapion se nomme *usurpatio*, du mot *usurpare*, qui, en jurisprudence, signifie retenir par l'usage, c'est à dire par la possession, et par suite empêcher l'usucapion au profit d'un autre (fr. 2, *ibid*.).

76. L'interruption est naturelle ou civile. Elle a lieu naturellement lorsque, par un événement quelconque, on cesse d'avoir en sa puissance la chose que l'on détenait par soi même ou par autrui. La possession est perdue toutes les fois qu'un de ses éléments constitutifs vient à faire défaut. Cette perte proviendra donc, ou d'un fait extérieur qui vient soustraire la chose à l'action du possesseur (*corpore*), ou de son intention de s'en dépouiller (*animo*), ou de son intention jointe à son propre fait (*corpore et animo*).

77. La perte de la possession par un fait extérieur, indépendant du possesseur, se présente dans le cas, par exemple, où il est

violemment expulsé de son héritage, ou bien lorsque l'objet mobilier qu'il détenait lui est enlevé, soit par le propriétaire, soit par un tiers (fr. 3, 41, 3), ou encore quand son terrain est envahi par la mer ou par un fleuve public qui change de lit (fr. 3, § 17, 41, 2).

78. La perte de la possession par l'intention ne se présume pas, mais elle résulte de la volonté de ne plus posséder. Tel est le cas du constitut possessoire (fr. 3, § 6, 41, 2).

79. Enfin la possession peut se perdre *corpore et animo*, par l'abandon de la chose, par une abdication pure et simple de son droit.

Dans ces différentes circonstances, l'interruption de l'usucapion est la conséquence directe de la perte de la possession.

80. La captivité du possesseur forme également une interruption que ne répare point le retour du prisonnier; car, bien que ses droits doivent lui être restitués par l'effet du *postliminium*, cette restitution ne s'applique pas aux choses de fait, comme la possession et sa continuité (fr. 15, pr. 41, 3).

81. Nous trouvons une interruption très-remarquable de l'usucapion dans le cas où le véritable propriétaire se trouve détenir la chose par un droit quelconque, par exemple, parce qu'il l'a achetée ou reçue en gage ou à bail de celui qui était en voie de l'usucaper contre lui; en effet, comme on ne peut être acheteur, créancier gagiste ou locataire de sa propre chose, celui de qui il l'a prise, ne conserve pas la possession par lui (fr. 21, 41, 3; fr. 29, 13, 7).

82. Notons, en terminant ce qui concerne l'interruption naturelle, que la fureur ou démence du possesseur n'interrompt pas l'usucapion. On aurait pu croire, au premier abord, qu'il en devait être autrement, parce que, pour usucaper, il faut posséder avec l'*animus domini* et qu'un fou n'a pas de volonté. Mais on a admis, par un motif d'utilité, *utilitate suadente*, afin que la folie ne portât aucun préjudice au possesseur, que celui qui a commencé l'usucapion avant de tomber en démence, pourrait l'accomplir sans que la démence y apportât aucun obstacle (fr. 44, § 6, 41, 3).

A plus forte raison n'y a-t-il pas interruption, quand les personnes qui possédaient pour notre compte viennent à tomber elles-mêmes en démence. Le jurisconsulte Paul en donne pour motif que la folie est une sorte de sommeil de l'intelligence qui ne doit pas plus nous nuire que le sommeil du corps (fr. 51, § 3, 41, 3).

83. L'interruption a pour effet de faire considérer comme non avenue la possession qui l'a précédée. La possession interrompue est une possession inutile, qui ne doit plus compter, quand même une possession nouvelle recommencerait (fr. 15, 2, 41, 3).

84. L'interruption civile est celle qui naît de la contestation judiciaire, intentée dans le but d'enlever la chose même à celui qui la possède.

Cette interruption n'est pas, à proprement parler, applicable à l'usucapion. En effet, l'exercice de l'action en revendication n'empêche pas que le défendeur ne continue de posséder ; l'usucapion poursuit son cours, malgré la *litis contestatio*. « *Etiamsi judicium ediderit, remque cœperit vindicare, currct usucapio,* » nous dit Marcellus (fr. 2, 41, 6). Paul dit aussi : « Si rem alienam emero, et, « quum usucaperem, eamdem rem dominus a me petierit, non in- « terpellari usucapionem meam litis contestatione» (fr. 2, § 21, « 41, 4). »

Le possesseur, si l'usucapion s'est accomplie dans les délais de l'instance, est donc devenu propriétaire. Mais comme le juge, par sa sentence, doit remettre les choses en l'état où elles auraient été, si le demandeur eût obtenu satisfaction au commencement du procès, le possesseur est condamné à restituer la chose au revendiquant, et, pour cela, à lui en retransférer la propriété. Il doit même fournir la *cautio de dolo*, par laquelle il s'engage à indemniser le demandeur de tout préjudice résultant du changement qu'il aurait pu apporter à l'état de la chose, depuis l'accomplissement de l'usucapion (fr. 18, 6, 1). Ainsi le résultat n'est pas le même que s'il y avait eu une véritable interruption.

85. La possession doit être continue, mais non pas en ce sens rigoureux, qu'il soit nécessaire qu'une seule et même personne possède pendant tout le temps requis par la loi. On a admis que l'on pourrait joindre à sa possession la possession antérieure d'une autre personne. Mais il faut, pour cela, qu'il existe une relation de droit entre les deux possesseurs successifs ; en d'autres termes, l'accession n'a lieu entre des possessions diverses qu'autant qu'il existe entre elles un lien juridique. C'est ce qu'indiquent les mots auteur et

successeur. En général, on nomme auteur celui dont le droit nous a été transmis. C'est dans ce sens restreint que semble l'entendre Scœvola (fr. 14, § 1, 41, 5), quand il dit qu'on accorde l'accession de possession à ceux qui ont succédé à d'autres en vertu d'un contrat ou d'un testament. Mais il faut élargir cette définition et dire qu'il suffit que la transmission de la chose ait été régulière, pour que les deux possessions puissent se joindre. L'auteur pourra être, en cette matière, une personne à laquelle nous n'avons pas succédé, et dont le droit se trouve éteint. C'est ainsi que le vendeur à ré-méré pourra invoquer par accession la possession de l'acheteur, dont le droit se trouve résolu par l'exercice du réméré. Cette exten-sion du mot auteur a fait quelque difficulté en droit romain, mais elle ne tarda pas à être consacrée (fr. 15, § 2, 41, 2 ; fr. 19, 41, 5 ; fr. 6, § 1, 44, 5).

86. Entre les différents successeurs, une distinction importante se présente, au point de vue qui nous occupe. Il y a, en effet, deux sortes de successeurs, les uns, universels, les autres, particuliers.

87. Les successeurs universels sont ceux qui, soit par le droit civil, comme l'héritier, soit par le droit prétorien, comme le pos-sesseur de biens, ont reçu l'universalité ou une partie de l'univer-salité des biens d'un défunt. Comme en prenant la place du défunt, ces successeurs le représentent de manière à ne former avec lui qu'une seule et même personne, ils continuent la possession de leur auteur, pourvu qu'elle n'ait pas, depuis le décès, passé dans les mains d'un tiers (fr. 20, 41, 5). Les successeurs universels ne tien-nent pas chaque objet de la masse à eux échue en vertu d'une cause nouvelle qui leur confère un droit personnel à l'usucapion ; ils pos-sèdent au même titre que le défunt, ils succèdent à sa possession, telle qu'elle se comportait dans ses mains, sans jouir de la faculté de l'accepter ou de la répudier à leur gré. Ainsi, entre le défunt et son successeur, il y a plutôt continuation d'une même possession, qu'accession de deux possessions distinctes.

88. Quelques auteurs se sont fondés sur la loi 5, au Dig., *pro herede*, pour prétendre que l'héritier a le choix, ou de joindre la possession du *de cujus* à la sienne, ou de commencer par lui-même une possession nouvelle. Pomponius, dans cette loi, s'exprime ainsi : « Plerique putaverunt, si heres sim et putem rem aliquam

« ex hereditate esse, quæ non sit, posse me usucapere. » Ce texte
signifie bien que l'héritier peut quelquefois usucaper ce que le défunt ne pouvait pas lui même ; mais il ne l'autorise pas à acquérir
par usucapion une chose dont le défunt avait une possession
vicieuse. L'entendre dans un autre sens, c'est lui donner une exten-
sion exagérée et contraire à tous les principes. Pomponius dit, en
effet, que, de l'avis de la plupart des jurisconsultes, l'héritier peut
usucaper une chose qu'il croit faussement appartenir à l'hérédité,
par exemple, une chose qui se trouvait dans la maison du défunt,
sans que celui ci en eût eu connaissance de son vivant. La raison
en est, que l'héritier ne trouve dans la personne du défunt aucun
obstacle à l'usucapion. Mais le jurisconsulte ne parle pas du cas où
l'auteur ayant une possession vicieuse, son héritier élève ensuite
des prétentions à l'usucapion, en se fondant sur sa bonne foi personnelle. Nous croyons donc que l'opinion que nous combattons,
n'est pas soutenable, et nous maintenons que le successeur universel
continue forcément la possession de son auteur avec ses qualités
ou ses vices. Il en résulte que, si la possession du défunt a été
acquise avec bonne foi, elle profitera à son héritier, quand même
il serait personnellement de mauvaise foi. C'est là un avantage
pour le successeur universel. Mais la médaille a un revers ; car
notre principe nous conduit à décider que la possession vicieuse du
défunt nuit à son héritier, à tel point que, fût-il de bonne foi, il ne
pourra arriver à l'usucapion, si son auteur était de mauvaise foi
(Const. 11, C, 7, 52 ; fr. 2, § 19, 41, 4 ; fr. 11, 41, 3).

89. Il faut avouer que cette dernière conséquence est un peu
dure pour le successeur universel et que ce serait peut être bien le
cas d'appliquer ici cet adage : *summum jus, summa injuria*. Mais
c'est là une déduction rigoureuse du principe, en vertu duquel le
défunt est censé se survivre à lui-même dans la personne de son
héritier.

90. Les successeurs particuliers jouissent aussi de l'accession de
possession ; mais, à leur égard, la règle est différente. Le successeur particulier est celui qui a reçu par vente, donation, legs, etc.,
un ou plusieurs objets. Il ne représente pas son auteur ; il ne
continue donc pas sa possession. Au contraire, le successeur particulier commence par lui-même une possession nouvelle, qu'il

— 31 —

faut apprécier en elle-même et indépendamment de celle de son auteur. La possession du successeur et celle de l'auteur sont deux possessions distinctes qui peuvent se réunir ou rester séparées. La bonne ou mauvaise foi de l'auteur est indifférente quant à l'usucapion en elle-même ; mais elle ne l'est plus, lorsqu'il s'agit de savoir si le successeur particulier pourra joindre ou non la possession de son auteur à la sienne. Si la possession de l'auteur a été juste à l'origine, le successeur de bonne foi pourra la réunir à la sienne pour compléter le temps de l'usucapion ; si, au contraire, l'auteur avait une possession vicieuse, le successeur de bonne foi n'en pourra profiter, il devra s'en tenir à la possession qu'il a eue personnellement. Ainsi, en résumé, la bonne foi de l'auteur n'excuse pas la mauvaise foi du successeur particulier, et, réciproquement, la mauvaise foi de l'auteur n'empêche pas que le successeur ne commence de son chef une possession utile (fr. 2, § 17, 41, 4 ; fr. 5, pr. 44. 3 ; fr. 13, § 6, 10 et 12, 41, 2.).

La jonction de possession au profit des successeurs particuliers a été introduite par un rescrit de Sévère et Antonin, comme nous le dit Justinien dans ses Institutes (2, 6, § 13).

91. Cujas, dans ses notes (Inst. ad tit. 6, lib. 2), soutient que le rescrit de Sévère ne se référait qu'à la prescription de long temps, et qu'ainsi, en matière d'usucapion, le successeur particulier ne jouissait pas du bénéfice de la jonction de possession. Mais cette assertion de Cujas est démentie par plusieurs textes.

Nous voyons d'abord, dans la loi 14, au Dig., *de usurp. et usucap.*, que le temps de possession du vendeur ou du testateur, profite à l'acheteur ou au légataire, et cette décision se trouve précisément dans un titre qui traite spécialement de l'usucapion.

Ulpien, dans la loi 13, au Dig. *de adq. vel amitt. poss.*, s'occupant avec beaucoup d'étendue de l'accession de possessions, ne mentionne aucune différence, en cette matière, entre l'usucapion et la prescription de long temps.

Bien plus. Paul, (fr. 2, § 20, 41, 4), décide d'une manière formelle que l'acheteur peut joindre à sa possession celle de son vendeur, pour acquérir l'usucapion : « *Emptori tempus venditoris ad usucapionem procedit.* »

Enfin Scævola dit aussi que l'acheteur d'un esclave profitera de la possession de son vendeur : « *Itaque si mihi vendideris ser rum, utar accessione tua* (fr. 14, § 2, 44, 5).

92. Cujas prétend que ces différents textes ont été altérés par Tribonien, qui a voulu les mettre en harmonie avec la législation de Justinien. Mais rien n'autorise à croire que ces différentes lois aient été remaniées par les compilateurs du Digeste, et la prétention de Cujas ne repose sur aucun fondement.

93. Cujas s'appuie, en second lieu, sur la loi 52, § 1, au Dig. *de servit. præd. urban.*, dont voici l'espèce. Le possesseur d'une maison grevée de la servitude *non altius ædificandi*, a exhaussé son immeuble et il continue à le posséder pendant un certain temps; mais avant que les deux ans requis pour l'usucapion soient accomplis, sa possession vient à cesser. Une autre personne se met en possession de cet immeuble. Le jurisconsulte décide que le nouveau possesseur ne pourra joindre à sa possession celle du premier, mais qu'il devra posséder lui-même deux années entières, pour acquérir par usucapion la liberté de cet héritage et le dégrever de la servitude qui pèse sur lui.

94. L'argument que Cujas tire de cette loi, n'est pas concluant. Il ne s'agit pas, dans l'espèce, d'un acheteur ou autre successeur particulier, à qui la possession a été transmise *ex justa causa*, mais uniquement d'une personne qui, après l'abandon pur et simple de la possession par une autre, s'empare elle-même de la possession abandonnée. On ne peut donc en conclure que la jonction de possession ne s'appliquait pas, en matière d'usucapion, aux successeurs particuliers.

95. Enfin Cujas argumente d'un passage de Justinien (Inst. 2, 6, § 12, *in fine*), dans lequel cet empereur s'exprime ainsi : « *Quod nostra constitutio similiter et in usucapionibus observari constituit, ut tempora continuentur.* » Au premier abord, il semble que, dans l'opinion de Justinien, la jonction de possession ne s'appliquait pas à l'usucapion. Ce passage, qui se trouve à la fin du paragraphe 12, relatif à la continuation de possession entre le successeur universel et son auteur, ne pouvait, laissé en cet endroit, fournir aucun secours à l'opinion de Cujas, puisque l'accession de possession entre l'héritier et son auteur s'appliquait sans nul doute à l'usucapion. Aussi Cujas est-il obligé, dans l'intérêt de son sys-

tème, à transposer ce passage et à le placer à la fin du paragraphe 15, qui s'occupe de la jonction de possession au profit des successeurs particuliers. Par suite de cette transposition, Cujas décide victorieusement que la jonction de possession n'était pas admise, en matière d'usucapion, au profit des successeurs particuliers.

96. On peut répondre à ce dernier argument, comme l'a fait Vinnius, en disant que Justinien, après avoir parlé de la prescription de long temps (*diutina possessio*), spéciale aux immeubles, nous avertit, dans ce passage, que, d'après sa constitution, les mêmes règles s'appliqueront à l'usucapion nouvelle introduite par lui, c'est à dire à l'usucapion modifiée, laquelle ne concernant plus que les meubles, conserve son nom quant à eux. (Vinnius, comm. ad Inst., lib. 2, tit. 6, § 7).

SECTION II.

De la juste cause.

97. Nous avons dit que la possession n'est apte à conduire à l'usucapion qu'autant qu'elle est fondée sur une juste cause (Const. 24, C. 3, 52).

98. Qu'est-ce donc que la juste cause ou le juste titre ? C'est un fait dénotant l'intention de transférer la propriété. Ainsi, tout fait qui met hors de doute, de la part du *tradens*, l'intention de transférer la propriété en même temps que la possession, est une *justa causa usucapionis*.

99. L'effet de la possession, précédée ou accompagnée de la *justa causa*, est de rendre propriétaire celui qui a reçu la chose. Mais divers obstacles peuvent s'opposer à la translation de propriété; ce sera ou la qualité de la chose livrée (*res mancipi*) qui n'est pas de nature à être acquise par la seule tradition, ou bien l'absence du droit d'aliéner dans la personne du *tradens*, parce qu'il n'est ni propriétaire, ni fondé de pouvoir du propriétaire. A raison de ces diverses circonstances, la juste cause est impuissante à transférer

la propriété, et alors l'usucapion est nécessaire pour réaliser cet effet.

100. D'après ce que nous venons de dire, la vente, la donation, le legs et d'autres semblables titres d'acquisition, sont de justes causes. Au contraire, la tradition faite pour cause de prêt, de louage, de dépôt, contrats qui n'entraînent pas la volonté de transférer la propriété, ne repose pas sur une juste cause; elle ne conduira pas plus à l'usucapion qu'elle ne saurait produire la propriété. L'usufruitier, le créancier gagiste, n'ont pas non plus de juste titre, parce qu'ils détiennent la chose en une qualité qui implique reconnaissance d'un droit supérieur, du droit du propriétaire; ils possèdent au nom et pour le compte d'autrui (fr. 13, 41. 3; const. 8, C. 5, 33).

101. Le Digeste indique, dans une suite de titres séparés, les divers faits générateurs de la *justa causa possessionis*. Nous les passerons successivement en revue.

102. *Pro emptore*. — Le titre *pro emptore* résulte d'une vente valable, dans laquelle l'acheteur a payé ou satisfait le vendeur, ou reçu un terme pour le paiement.

Il faut qu'il y ait eu une vente véritable. Une opinion probable, une croyance plausible, ne suffirait pas. C'est ce que nous dit expressément la loi, 2, au Dig. *pro empt*. La raison qu'en donne le jurisconsulte, c'est que, dans l'usucapion *pro emptore*, la bonne foi est requise chez le possesseur au moment du contrat et à celui de la tradition. Or, comment supposer la bonne foi au moment du contrat, s'il n'est intervenu aucun contrat de vente?

Nous voyons cependant d'autres textes qui décident formellement que l'usucapion *pro emptore* peut avoir lieu dans des cas où il n'y a pas vente.

Ainsi Africain, loi 11, au Dig. *pro empt.*, présente l'espèce suivante: mon esclave ou mon procureur, que j'ai chargé d'acheter une chose, m'en fait la tradition, en me persuadant faussement qu'il l'a achetée, je pourrai en acquérir l'usucapion. De même, Paul, loi 2, § 16, au Dig., *pro empt.*, suppose que j'ai acheté une chose d'un fou, que je croyais jouir de sa raison, et il décide, *utilitatis causa*, que je pourrai l'usucaper, bien que la vente soit nulle.

Mais ces cas sont exceptionnels, et nous devons nous en tenir au principe formulé plus haut, à savoir : que le titre *pro emptore* n'est une *justa causa usucapionis* que lorsque l'achat en vertu duquel se fait la tradition a réellement existé.

103. Les textes assimilent à la vente l'estimation judiciaire : « Li- « tis æstimatio similis est emptioni » (fr. 5, 41, 4). Pour comprendre cette assimilation, il est nécessaire d'entrer dans quelques détails.

Dans une instance en revendication, le demandeur que le juge a déclaré propriétaire, peut faire exécuter par la force (*manu militari*) l'ordre que le juge a donné au défendeur de restituer la chose. Si ce dernier ne veut pas faire cette restitution, le demandeur a le choix de le faire condamner à payer l'estimation que lui demandeur fixera par serment. On dit alors que le demandeur qui, au lieu d'exiger la restitution de la chose, se contente de la somme d'argent qu'il a déterminée lui-même, est censé vendre la chose pour un prix égal à l'estimation et consentir à ce que la propriété en soit transférée au possesseur. Celui-ci, à qui il ne manquait que le consentement du propriétaire pour acquérir le domaine de la chose, puisqu'il en a déjà la possession, en devient propriétaire sur-le-champ. La tradition est inutile, puisque l'effet qui en résulte est déjà produit ; le défendeur est déjà en possession, il n'est pas besoin de l'y mettre. Mais pour que le possesseur devienne ainsi propriétaire dès l'instant qu'il offre de payer le prix arbitré par le demandeur, il faut qu'il s'agisse d'une chose *nec mancipi*, et alors il n'y a pas à se préoccuper de la question d'usucapion.

104. Si nous supposons, au contraire, que la chose qui a fait l'objet de la revendication est une *res mancipi*, comme elle n'est pas susceptible d'être acquise par la seule tradition, le possesseur a besoin de l'usucapion pour arriver au *dominium*. C'est pourquoi Gaïus nous dit : « Possessor qui litis æstimationem obtulit, pro emptore inci- « pit possidere » (fr. 1, 41, 4). Ainsi le défendeur usucapera au titre *pro emptore*.

Toutefois, même lorsque la chose est *nec mancipi*, l'usucapion est nécessaire dans le cas où elle se trouve appartenir à un autre que le demandeur. Ici encore, le possesseur qui, après avoir offert l'estimation, conserve la chose, la possède *pro emptore*, et,

4

s'il est de bonne foi, il pourra en acquérir la propriété par l'usucapion.

105. *Pro herede.* — Le titre *pro herede* n'est pas à lui seul et par lui-même une *justa causa usucapionis.* L'héritier, en effet, continue la personne du défunt; il est propriétaire de ce dont le défunt était propriétaire, possesseur de ce dont le défunt était possesseur. Le défunt avait-il commencé l'usucapion, le continuateur de sa personne pourra l'achever. Le défunt possédait-il une chose sans titre, son héritier ne pourra l'usucaper. En un mot, il faut que le titre *pro herede* concoure avec celui en vertu duquel le défunt a possédé; autrement, il ne peut servir de base à l'usucapion. Nous avons suffisamment démontré ce point en traitant de la continuation de possession (*voir* n°ˢ 87 et 88).

106. Pour acquérir l'usucapion à titre d'héritier, il faut être capable de recevoir à ce titre : « Constat eum qui testamenti factio- « nem habet, pro herede usucapere posse » (fr. 4, 41, 5). Ainsi un esclave ne peut posséder *pro herede* ni pour lui même, ni pour son maître, à moins que celui-ci ne lui ait donné ordre de faire adition d'hérédité (fr. 4, § 4, 41, 5). Ainsi encore, on ne peut acquérir comme héritier l'usucapion des biens d'un homme vivant : « Pro « herede ex vivi bonis nihil usucapi potest » (fr. 1, 41, 5).

107. Nous avons dit que le titre *pro herede* ne saurait fonder par lui-même l'usucapion. Nous trouvons, néanmoins, dans la loi 5, au Dig., *pro herede*, un cas où l'héritier commence en sa personne la possession d'une chose, et en acquiert l'usucapion à titre d'héritier. Il faut supposer, pour l'explication de cette loi, qu'une chose appartenant à autrui se trouve dans la maison du défunt, sans qu'il en ait connu l'existence. L'héritier la trouve parmi les effets de la succession, il la considère comme chose héréditaire; la possession qu'il en a lui en procurera l'usucapion au titre *pro herede.* On ne peut pas dire que l'héritier succède à la possession vicieuse du défunt; puisque le défunt n'avait de cette chose aucune possession. Des auteurs pensent même que l'héritier peut posséder et usucaper au titre *pro herede* une chose livrée au défunt à titre de prêt, de gage, de dépôt, pourvu qu'il croie de bonne foi que cette chose appartenait à son auteur. Vinnius est de ce sentiment. Mais nous croyons que cette manière de voir est en complète opposition avec les principes.

En effet, dans les cas de dépôt, de prêt ou de gage, le défunt possédait la chose sans titre; la possession qu'il en avait était donc une possession vicieuse ; or, celle de l'héritier n'en est que la continuation ; par conséquent l'usucapion manque de base, et l'héritier ne pourra l'invoquer.

108. *Pro donato.* — Le titre *pro donato* résulte d'une donation, soit entre vifs, soit à cause de mort : « Pro donato is usucapit, cui « donationis causa res tradita est » (fr. 1, pr. 41, 6).

Pour usucaper comme donataire, il faut être capable de recevoir à ce titre. Ce principe nous amène à dire quelques mots de certaines donations qui avaient, dans la législation romaine, un caractère tout particulier; nous voulons parler des donations entre époux.

109. Les donations entre époux étaient, dans le droit primitif de Rome, prohibées d'une manière absolue. Cette prohibition s'était établie par une coutume constante : « *Moribus apud nos receptum est, ne inter virum et uxorem donationes valerent* » (fr. 1, 24, 1). Le motif de cette prohibition était, comme le dit Ulpien, la trop grande facilité que l'un des époux, dominé ou entraîné par l'autre, pouvait avoir à se dépouiller de ses biens pour en gratifier son conjoint. On ne voulut pas qu'un époux pût s'appauvrir pour enrichir l'autre.

110. La prohibition était absolue : « *ipso jure nihil valet quod actum est* (fr. 5. § 10, *ibid*). Toutefois, comme il y avait certaines donations où le motif de la prohibition ne se rencontrait plus, on les avait exceptées de la règle. Toute donation entre époux qui n'avait pas pour effet d'appauvrir le donateur et d'enrichir le donataire, demeurait valable. Ulpien nous en donne pour exemples la donation d'un lieu pour sépulture, d'un esclave pour l'affranchir, (fr. 5, §§ 8 à 12 et 16 *ibid*).

111. Tel fut l'état du droit sur ce point jusqu'au sénatusconsulte, rendu sur la proposition d'Antonin Caracalla, du vivant même de Septime-Sévère. D'après ce sénatusconsulte, la rigueur de la prohibition se trouve adoucie. L'époux donateur conserve le droit de révoquer sa donation ; mais, s'il meurt sans avoir manifesté aucune intention à ce sujet, ses héritiers ne peuvent reprendre une libéralité qui puise sa confirmation dans le silence que le donateur a gardé pendant toute la vie : « Ait oratio : fas esse cum quidem

« qui donavit pœnitere, heredem vero eripere forsitan adversus
« voluntatem supremam ejus qui donaverit, durum et avarum
« esse. » (fr. 52, § 2, 24, 1). Depuis le sénatusconsulte, comme
avant, les donations qui n'avaient point pour résultat d'appauvrir
le donateur et d'enrichir le donataire avaient été exceptées de la
règle.

Il résulte de ce qui précède, que la donation entre époux ne
pouvait constituer un juste titre pour l'usucapion, si ce n'est dans
les cas exceptionnels où cette donation était permise. Aussi Pomponius nous dit-il : « Si vir uxori, vel uxor viro donaverit, si
« aliena res donata fuerit, verum est (quod Trebatius putabat), si
« pauperior is, qui donasset, non fieret, usucapionem possidenti
« procedere » (fr. 5, 41, 6).

Remarquons d'ailleurs que la prohibition, dont nous venons de
nous occuper, ne concernait que les donations entre-vifs, les donations à cause de mort ayant toujours été permises entre mari et
femme (fr. 45, 59, 6).

112. *Pro derelicto.* — Les objets, abandonnés par leur maître, sont
acquis au premier occupant. Si l'abandon d'une chose a lieu de la
part d'une personne qui n'en était pas propriétaire, le tiers qui s'en
empare de bonne foi ne l'acquiert pas sur-le-champ, mais il peut
l'acquérir par usucapion au titre *pro derelicto* (fr. 4, 41, 7).

113 Il parait, d'après un fragment de Paul (fr. 2, § 1, *ibid*),
que Proculus ne considérait pas un objet abandonné comme chose
nullius. Ce jurisconsulte soutenait que la chose abandonnée ne ces-
sait d'appartenir à son maître primitif qu'autant qu'une autre
personne l'avait appréhendée. Mais nous voyons que Julien n'admettait pas cette idée, et que l'avis de Proculus n'était pas suivi.
Ainsi la chose abandonnée est *res nullius*, tant qu'elle n'est prise
par personne; dès que quelqu'un s'en empare, elle devient sa propriété ou elle est seulement placée *in causa usucapionis*, suivant
qu'elle appartenait ou non à celui qui s'en est dessaisi.

114. Il faut bien se garder de confondre les objets abandonnés
avec les objets perdus : ces derniers continuent d'appartenir à leur
propriétaire ; il ne peut donc être question pour eux d'acquisition par usucapion (fr. 7, 41, 7).

115. *Pro legato.* — Pour usucaper à titre de legs, il faut être

capable de recevoir à ce titre, c'est-à-dire avoir faction de testament avec le défunt : « Nemo potest legatorum nomine usucapere, « nisi is cum quo testamenti factio est » (fr. 7, 41, 8).

Paul nous indique trois cas où l'usucapion *pro legato* peut avoir lieu : celui où la chose, que le testateur a léguée comme sienne, appartient à autrui ; celui où le legs est révoqué par des codicilles inconnus ; celui enfin où une erreur de nom a fait croire qu'on était appelé à recueillir le legs, tandis que c'était un autre. Il est à remarquer que, dans les deux derniers cas, ce qui fait obstacle à l'acquisition immédiate de la propriété, c'est l'absence de droit chez celui qui reçoit la chose. Il est facile de voir, d'après cela, que les Romains ne se montraient pas très-rigoureux à l'endroit du titre, et que dans certains cas, comme ceux que nous venons d'indiquer, la croyance plausible à l'existence du titre produisait le même effet que le titre lui-même et pouvait servir de base à l'usucapion. Nous aurons occasion de revenir sur ce point.

116. A la différence de ce qui se passe en matière d'usucapion *pro herede*, la chose reçue à titre de legs est susceptible de l'usucapion *pro legato*, quoique le propriétaire soit encore vivant : « Ea res quæ legati nomine tradita est, quamvis dominus ejus « vivat, legatorum tamen nomine usucapietur » (fr. 5, 41, 8).

La raison de cette différence, d'après Cujas, vient de ce qu'une succession ne s'ouvre qu'à la mort du *de cujus*, tandis qu'un testateur peut délivrer de son vivant les legs qu'il a faits. Il nous semble que cette raison est plus subtile que solide ; en effet, si un testateur avait la pensée de délivrer d'avance à une personne la chose qu'il lui a léguée, il faudrait voir dans cet acte une donation et non pas un legs.

117. *Pro dote.* — Une chose livrée à titre de dot appartient au mari, lorsque le constituant en était propriétaire ; dans le cas contraire, le mari de bonne foi peut en acquérir l'usucapion au titre *pro dote* : « Titulus est usucapionis et quidem justissimus, qui appellatur pro dote (fr. 1, 41, 9).

Que la femme se soit constitué en dot des objets particuliers, ou l'universalité de ses biens ; que la dot ait été livrée avec ou sans estimation, peu importe ; dans tous les cas, il y a lieu à l'usucapion *pro dote* des choses qui n'appartenaient pas à la femme ou autres constituants.

118. Il n'y a pas de dot sans mariage ; par conséquent, si le mariage est nul, le titre *pro dote* ne peut exister. C'est ce que nous dit la loi 1, § 3, au Dig.. *pro dote*, en ajoutant que cette décision s'applique au cas même où le mari a cru à la validité du mariage.

119. Les jurisconsultes romains, à l'occasion du titre *pro dote*, se posaient la question suivante. Une femme, qui devait contracter mariage, a livré à son futur mari dans l'intention de lui en transférer la propriété immédiate, des objets qu'elle se constituait en dot et qui ne lui appartenaient pas. Pour une cause ou pour une autre le mariage a éprouvé du retard. Le temps de l'usucapion a-t-il couru, au profit du mari, à partir de la tradition, ou bien ne commence-t-il à courir que du jour du mariage? Une objection se présentait en ce cas ; il n'y a point de dot sans mariage, par conséquent le mari, avant le mariage, a possédé sans titre. Mais on répondait à cette objection : sans doute, avant le mariage il ne peut être question du titre *pro dote* ; mais il existe un autre juste titre, provenant de la convention intervenue entre la femme et son futur mari, convention dont la conséquence eût été, au moyen de la tradition, la translation immédiate de la propriété, si la femme eût été propriétaire. Il y a donc un juste titre, le titre *pro suo*, auquel succède le titre *pro dote* à l'époque de la célébration du mariage (fr. 1, § 2. 41. 9).

L'usucapion *pro dote* a lieu tant que dure le mariage ; mais elle cesse dès qu'il est dissous, parce que la dot elle-même a cessé d'exister (fr. 1, § 3 *ibid*).

120. *Pro suo*. — Le titre *pro suo* comprend, dans sa signification générale, tous les titres au moyen desquels on acquiert la propriété, quand le *tradens* est lui-même propriétaire, ou qui, dans le cas contraire, peuvent conduire à l'usucapion. Ainsi celui qui possède comme acheteur, comme donataire, comme légataire, etc., possède *pro suo*. Cependant, dans un sens plus restreint le titre *pro suo* s'applique particulièrement aux cas où le titre en vertu duquel on possède n'a pas de dénomination spéciale.

121. C'est, dans ce dernier sens, que la possession des fruits perçus de bonne foi est une possession *pro suo*. « Pro nostro pos-

« sidemus fructus rei emptæ vel donatæ (fr. 2, 41, 10). » La possession des choses *nullius* est aussi une possession *pro suo*. Si, par
exemple, on a considéré comme sauvage un animal ayant l'habitude d'aller et de revenir, et qu'on s'en soit emparé de bonne foi,
on n'a pu en acquérir la propriété ; mais on le possède *pro suo* et,
à ce titre, on peut arriver à l'usucapion (*ibid.*).

122. Nous pouvons encore citer le cas, rapporté ci-dessus, où un
futur mari possède *pro suo*, avant de posséder *pro dote*, les choses
que la femme, qu'il doit épouser, lui a apportées en dot (fr. 1, § 2,
41, 9) ; et aussi celui où un héritier persuade à une personne qu'elle
est légataire, et lui délivre, à ce titre, une chose qui ne lui a pas été
léguée (fr. 4, § 2, 41, 10).

123. *Pro soluto.*—Toutes les fois que la tradition d'une chose a
lieu dans l'intention d'exécuter une obligation, il y a juste titre
pour l'usucapion ; c'est le titre *pro soluto*. Peu importe qu'on ait
payé la chose due ou une autre en sa place ; que l'obligation ait
existé ou non, pourvu que, dans ce dernier cas, le prétendu créancier ait eu quelque fondement à croire à l'existence de la créance
(fr. 46, 41, 5; fr. 3, 41, 10).

124. Le titre *pro noxæ dedito* a la plus grande affinité avec le
titre *pro soluto*. En effet, celui qui, pour éviter de payer la réparation du délit commis par son esclave, fait l'abandon noxal, effectue
une sorte de paiement. La tradition, faite à celui qui se plaint du délit, n'a pas pour effet de lui transférer la propriété de l'esclave, qui
est *res mancipi* ; que l'esclave appartienne ou non à celui qui en
fait l'abandon, l'usucapion sera nécessaire, dans tous les cas, pour
rendre celui qui le reçoit *dominus ex jure Quiritium* (fr. 3, § 21,
41, 2).

125. Il existe encore d'autres titres d'usucapion : ainsi, le jugement d'adjudication, rendu dans les trois actions divisoires, « fa-
« miliæ erciscundæ, communi dividundo, finium regundorum, est
une *justa causa usucapiendi*. Il faut supposer pour cela, si l'adjudication a eu lieu dans un « *judicium legitimum*» que la chose adju-
gée appartenait à un tiers, ou, si elle appartenait à l'un des plaideurs,
que l'adjudication a été prononcée dans un « judicium imperio con-
tinens. »

La transaction était aussi un juste titre « Ex causa transactionis.

« habentes justam causam possessionis, usucapere possunt (const.
8, C. 7, 26). »

126. La possession accordée par le préteur devient aussi une
juste cause d'usucapion : « Juste possidet qui prætore auctore
« possidet (fr. 11, 41, 2). » Nous allons en donner quelques
exemples.

Si le maître d'un esclave, qui a commis un délit, ne le défend pas,
la victime du délit s'adresse au préteur pour obtenir l'ordre d'em-
mener l'esclave. Le préteur qui l'autorise à posséder l'esclave ne
lui en confère pas le domaine quiritaire ; mais ce possesseur ac-
querra la propriété de l'esclave par l'usucapion (fr. 26, § 6, 9, 4 ;
fr. 2, § 1, 2, 9).

On peut rapprocher de cette prise de possession, par ordre
du préteur, l'envoi en possession par le second décret du préteur *ex causa damni infecti*. Si le propriétaire d'une maison
qui menace ruine ne veut pas consentir la stipulation «damni
infecti, » le propriétaire de la maison voisine obtient contre lui du
préteur, par un premier décret, l'envoi en possession (*mittatur in
possessionem*), et au bout d'un certain temps, par un second décret,
l'ordre de posséder (*possidere jubet*). Le second décret du préteur
n'a pu le rendre propriétaire de la maison, mais il le met en position de le devenir au moyen de l'usucapion (fr. 5, 39, 2).

De même, le *bonorum possessor* qui n'est pas héritier, mais
que le préteur met *loco heredis*, peut acquérir la possession des
biens héréditaires par l'interdit quorum bonorum. Le successeur
prétorien obtient la possession avec tous ses avantages, notamment
celui d'arriver à la propriété par l'usucapion (Gaïus, Inst. 3,
§ 80).

127. Remarquons en terminant que l'on n'est pas censé posséder
et qu'on ne peut commencer l'usucapion, tant que le titre est suspendu par une condition. Aussi Paul nous dit-il : «Si sub condi-
« tione emptio facta sit, pendente conditione, emptor usu non
« capiet (fr. 2, § 2, 41, 4.) »

Cela est évident ; en effet, celui qui n'acquiert que sous une condition ne peut raisonnablement se croire propriétaire avant l'événement de cette condition.

Si le possesseur croyait, par erreur, que la condition est accom-

plie, tandis qu'elle ne l'est pas, l'usucapion ne courrait pas davan-
tage, parce que la fausse opinion dans laquelle il se trouve n'a pas
de fondement suffisant (*ibid.*).

Il faut aussi que le juste titre persiste pendant toute la durée de
la possession. L'usucapion commencée ne peut continuer qu'autant
que la cause de la possession ne change pas: « Qui cum pro herede
« vel pro emptore usucaperet, precario rogavit, usucapere non po-
« test (fr. 6, *ibid.*). »

Section III.

De la bonne foi.

128. Il ne suffit pas, pour usucaper, d'avoir possédé en vertu d'un
juste titre, il faut de plus avoir possédé de bonne foi. Paul nous dit :
« Separata est causa possessionis et usucapionis. Nam vere dicitur
« quis emisse sed mala fide : quemadmodum qui sciens alienam rem
« emit, pro emptore possidet, licet usu non capiat » (fr. 2, § 1,
41, 4). Ainsi la cause de la possession et celle de l'usucapion sont
distinctes ; on peut avoir un juste titre et être de mauvaise foi.

129. Qu'est ce donc que la bonne foi? Avec la loi 109, au Dig.
de verb. signific., on peut la définir : la croyance que celui qui a
fait tradition de la chose en était propriétaire, ou avait le droit de
l'aliéner comme fondé de pouvoir du propriétaire.

130. Cette croyance étant toute personnelle, il est évident que si
notre procureur prend possession en notre nom, mais à notre insu,
d'une chose qu'il a achetée pour nous, l'usucapion ne courra à notre
profit que du moment où nous aurons eu connaissance de l'acquisition (fr. 47, 41, 3).

La bonne foi du possesseur n'est possible qu'autant que son
erreur porte sur un fait ; car l'erreur de droit ne peut servir à
l'usucapion : « Nunquam, in usucapionibus, juris error possessori
« prodest » (fr. 31, *ibid.*). Ainsi, par exemple, ceux qui achètent
d'une personne qu'ils savent impubère, s'imaginant à tort que la

toi lui permet d'aliéner, sont dans une erreur de droit qui fait obstacle à l'usucapion ; tandis que ceux qui se trompent sur la personne du propriétaire, ou sur l'âge d'un pupille qu'ils considèrent
comme pubère, sont dans une erreur de fait qui leur permet d'u-
sucaper.

On considère encore comme erreur de droit l'erreur grossière ou
celle qui ne provient que de la négligence à prendre les informations
nécesssaires (fr. 6, 22, 6 ; fr. 9, § 2, *ibid.*)

151. La bonne foi, étant un élément de l'acquisition de la possession, n'est exigée qu'à l'origine de cette possession. C'est donc au
moment de la tradition que la bonne foi doit exister, parce que c'est
à ce moment que la propriété eût été transférée, si le *tradens* s'é-
tait trouvé lui-même propriétaire ou fondé de pouvoir de celui à qui
la chose appartient (fr. 44, § 1, 41, 3.) Mais une exception spéciale
était apportée à cette règle, en matière de vente. L'acheteur ne
pouvait usucaper qu'à la condition d'avoir été de bonne foi au moment
du contrat et au moment de la tradition. D'après un fragment d'Ulpien, la loi 10, pr., au Dig., *de usurp. et usucap.*, il paraît que les
Proculéiens n'admettaient pas cette exception, et qu'au lieu d'exiger la bonne foi au moment de la tradition, en vertu de la règle
générale, ils la requéraient seulement au moment de la vente. Mais
les Sabiniens exigeaient la bonne foi aux deux époques du contrat
et de la tradition, et c'est cette dernière opinion qui a prévalu, comme
nous l'apprend Ulpien dans le fragment précité.

152. Mais pourquoi, dans la vente, tient-on compte de ces deux
époques ? Cela peut résulter de ce qu'à l'origine la vente n'a pas été
un mode de contracter des obligations, mais un mode de translation
de la propriété. La vente, *venumdatio*, se faisait alors par la mancipation qui transfère la propriété sans la tradition. Il fallait être de
bonne foi au moment où l'on voulait acquérir la propriété. Mais,
plus tard, on exigea la tradition pour rendre l'acheteur propriétaire.
Il fallut dès lors se conformer au principe d'après lequel la bonne
foi est requise au moment de la tradition ; ce qui n'empêcha pas de
maintenir l'ancienne règle relative à l'époque du contrat.

Une autre raison de cette exception peut se tirer de ce que les
lois sur l'usucapion faisaient probablement une mention spéciale de
la *bonæ fidei emptio*, indépendamment de la mention générale de

la tradition *ex justa causa* ; ce qui nous autorise à croire à cette double mention, c'est que l'édit du préteur, calqué sur ces lois, s'exprimait ainsi par rapport à l'action publicienne : « Si quis id quod « bona fide emit, vel id quod traditur ex justa causa, etc. » (fr. 1, pr. 6, 2 ; fr. 7, § 11, *ibid.*). La doctrine des jurisconsultes en avait fait découler la nécessité de la bonne foi au temps de la vente et à celui de la tradition (fr. 2. pr. 41, 4 ; fr. 48, 41, 3).

153. La bonne foi n'étant requise, en général, qu'au moment de la prise de possession, la mauvaise foi qui survient postérieurement n'empêche point l'usucapion : « Nunquam mala fides superveniens « impedit usucapionem. »

154. Toutefois, dans l'usucapion *pro donato*, il paraît qu'il fallait, au moins suivant certains jurisconsultes, la persistance de la bonne foi pendant tout le temps requis pour l'usucapion. C'est ce qui semble résulter de la loi unique, au Code, *de usucap. transform.*, où Justinien décide que la mauvaise foi, survenue pendant le cours de la possession, n'aura pas pour effet d'interrompre l'usucapion, quand même il s'agirait d'une possession commencée à titre lucratif : « Licet ex titulo lucrativo ea cœpta est. » C'est donc qu'avant la législation de Justinien, cet effet interruptif était produit dans l'usucapion *pro donato* !

Nous trouvons une trace de cette doctrine dans la loi 11, § 3, au Dig., *de publiciana in rem actione*. Ce texte suppose qu'une esclave volée a été donnée à une personne qui ignore le vol. Cette esclave conçoit et accouche chez le possesseur. Celui-ci perd la possession du part de cette esclave. Aura-t-il l'action publicienne ? Le jurisconsulte décide qu'il n'aura cette action qu'autant que sa bonne foi aura persisté jusque-là. Or, comme l'action publicienne ne s'accorde qu'à ceux qui remplissent les conditions de l'usucapion, il faut en conclure que, dans l'opinion d'Ulpien, l'usucapion *pro donato* n'était possible que pour celui dont la bonne foi avait persévéré pendant tout le temps requis par la loi.

155. Ce que nous venons de dire se trouve confirmé par la paraphrase de l'interprète grec Stéphane, un des commissaires de Justinien, qui en commentant le texte d'Ulpien, s'exprime en ces termes : « Voici, en effet, la différence entre l'acheteur et le donataire ; chez celui qui a reçu en vertu d'une donation, nous exigeon*

trois conditions : que l'esclave ait conçu et enfanté chez lui, et qu'au temps de l'action, il ignore que l'esclave a été volée. »

136. Cette différence entre les acquisitions à titre onéreux et les acquisitions gratuites s'explique par cette idée, qu'on ne peut raisonnablement reprocher à l'acquéreur à titre onéreux, malgré la survenance de la mauvaise foi, de garder la chose tant qu'on ne la lui redemande pas, puisqu'il l'a reçue de bonne foi et qu'il en a payé la valeur. L'acquéreur à titre gratuit, au contraire, n'a rien déboursé du sien ; il ne mérite pas la même faveur. On peut dire, lorsque sa bonne foi cesse, qu'il n'a qu'un but, celui de s'enrichir aux dépens du vrai propriétaire.

Quoi qu'il en soit, Justinien, dans la constitution précitée, a effacé cette particularité de l'usucapion *pro donato*.

137. La bonne foi est requise soit dans notre personne, soit dans la personne de ceux qui sont sous notre puissance et qui possèdent pour nous.

Quand un esclave reçoit une chose pour le compte de son maître, l'usucapion n'est possible qu'à la condition que l'esclave et le maître soient tous deux de bonne foi. La mauvaise foi de l'esclave nuira toujours au maître même de bonne foi. D'un autre côté, la bonne foi de l'esclave ne profitera pas au maître, s'il est personnellement de mauvaise foi (fr. 43, § 1. 41. 3 ; fr. 2, § 10. 41. 4).

138. Il importe, toutefois, de distinguer entre le cas où l'esclave acquiert sur l'ordre de son maître (*nomine domini*), et celui où il reçoit tradition d'une chose à raison de son pécule (*peculii nomine*). Dans le premier cas, l'usucapion ne peut commencer qu'au moment où le maître a connaissance du fait qui a mis l'esclave en possession ; tandis que, dans le second cas, l'usucapion, par une exception toute de faveur, commence au moment même de la prise de possession par l'esclave, quoique le maître ignore l'acquisition (fr. 2, § 11. 41. 4)

Il en résulte que, dans l'acquisition faite de bonne foi par l'esclave au nom du maître, il faut qu'au moment où celui-ci en a connaissance, il ignore que la chose est à autrui ; autrement il est de mauvaise foi à l'instant précisément où la possession commence à compter pour l'usucapion, et il ne peut usucaper. Au contraire, lorsque l'esclave reçoit de bonne foi tradition d'une chose à raison

de son pécule, si le maître n'a connaissance de l'acquisition qu'à-
près l'entrée en possession, bien qu'il sache que la chose appartient
à autrui, sa mauvaise foi n'empêchera pas l'usucapion de s'accomplir, parce qu'elle survient au moment où l'usucapion a déjà commencé ; or, la mauvaise foi postérieure à la prise de possession n'apporte aucun obstacle à l'usucapion (fr. 2, § 15. 41. 4).

Les principes que nous venons d'exposer s'appliquent à la tradition faite au fils de famille comme à celle faite à l'esclave (fr. 15,
§ 1, 41, 5).

139. Le possesseur qui est en position d'arriver à l'usucapion
peut perdre la possession ; alors l'usucapion est interrompue. S'il
vient plus tard à recouvrer cette possession, est-il nécessaire qu'il
soit encore de bonne foi ?

140. La réponse à cette question se trouve dans les lois 15, § 2,
au Dig. *de usurp. et usucap.*, et 7, § 4, Dig., *pro emptore*. Il
résulte de ces textes que la bonne foi est requise chez le possesseur
au moment où il recouvre la possession qu'il avait perdue. En effet,
la première possession ayant été interrompue, on considère l'origine de la seconde pour décider la question de bonne ou mauvaise
foi. Que l'ancien possesseur rentre en possession de lui-même, que
cette possession lui soit transmise par le nouveau possesseur, qu'elle
lui soit restituée par ordre du juge, cette règle s'applique dans tous
les cas. Mais s'appliquerait-elle au cas où l'ancien possesseur recouvre la possession par l'exercice de l'action publicienne ? Celui qui,
au moment où il intente la publicienne, se trouve de mauvaise foi
et obtient néanmoins la restitution de la chose, peut-il continuer
l'usucapion ?

141. Aucun texte ne résout la question d'une manière directe.
Si l'on s'en rapporte aux textes que nous venons d'indiquer, il faut
décider, par analogie, que le possesseur qui a triomphé dans la
publicienne, s'il n'est plus de bonne foi, ne pourra arriver à l'usucapion, ni en vertu de son ancienne possession qui a été interrompue, ni en vertu de sa nouvelle possession qui a commencé de
mauvaise foi. Toutefois, nous croyons, avec M. Pellat, qu'il serait
bien étrange qu'un possesseur que la survenance de la mauvaise
foi dans le cours de sa possession n'aurait pas empêché d'achever
l'usucapion, que ce possesseur, après avoir obtenu la restitution de

la chose par l'exercice d'une action dans laquelle on le considère fictivement comme ayant achevé l'usucapion, ne pût continuer ni recommencer cette usucapion réputée accomplie en sa faveur (Voy. M. Pellat, *De la propriété et de l'usufruit*, pages 513 à 516).

142. Nous terminerons ce qui concerne la bonne foi par l'examen d'une question fort importante. Il s'agit de savoir si la bonne foi et la juste cause sont deux conditions distinctes, ou bien si la juste cause n'est exigée que comme un moyen de prouver la bonne foi, de telle sorte que l'usucapion soit possible même en l'absence d'une juste cause, pourvu qu'il y ait réellement bonne foi.

143. En général, les jurisconsultes romains exigeaient l'existence du juste titre et ne se contentaient pas de l'opinion plus ou moins fondée du possesseur sur ce point. Ainsi, il ne suffisait pas, d'après eux, de croire à l'existence d'une vente, d'une donation, d'un legs, s'il n'y avait eu, en réalité, ni vente, ni donation, ni legs. Les auteurs qui pensaient différemment disaient que dans le cas où un titre spécial n'existait pas, le possesseur pouvait au moins se fonder sur le titre : *pro suo*. Mais leur raisonnement était vicieux, puisque le titre général *pro suo* n'a aucune valeur par lui-même, s'il ne concourt avec le titre spécial à l'existence duquel on a ajouté foi. Ces auteurs voulaient-ils parler du titre spécial *pro suo*, ils étaient encore dans l'erreur, puisque ce titre ne s'applique qu'aux cas où le titre en vertu duquel on possède existe réellement, mais n'a pas, dans la langue juridique, de dénomination spéciale.

144. Ainsi, comme nous venons de le voir, et comme nous le prouve la loi 27 au Dig., *de usurp. et usucap.*, deux opinions tranchées existaient, à l'origine, sur cette question ; la première qui exigeait, dans tous les cas, l'existence du titre ; la seconde qui admettait la possibilité de l'usucapion en l'absence du juste titre, en supposant toujours l'existence du titre *pro suo*.

145. Enfin, une opinion mixte décidait, qu'en général, la bonne foi, en l'absence du juste titre, ne suffisait pas pour conduire à l'usucapion, mais que, dans certaines circonstances favorables, celles où l'erreur du possesseur admet une explication plausible, par exemple, lorsqu'il croit de bonne foi que la chose qu'il possède a été achetée par son esclave, son procureur, son auteur, que dans ces cas et autres

semblables, l'erreur du possesseur, portant sur le fait d'autrui est excusable et tient lieu de juste titre.

146. Cette question, comme nous le voyons, a donc été fortement controversée chez les Romains, et, après beaucoup de variations, deux opinions étaient restées en présence, l'une d'après laquelle la juste cause et la bonne foi étaient toutes deux rigoureusement exigées, l'autre qui faisait exception à cette règle générale en se contentant d'une croyance plausible, quoique erronée, à l'existence du juste titre, c'est-à-dire d'une juste cause putative, dans tous les cas où l'erreur du possesseur était excusable, par exemple, lorsqu'elle portait sur le fait d'autrui. (On peut voir, dans le premier sens, fr. 27, 41, 3 ; fr. 1, § 4, 41, 9 ; fr. 48, 41, 3 ; fr. 1, 41, 6 ; fr. 2, 41, 4 ; fr. 2, 41, 8 ; fr. 3 *ibid.* ; fr. 6, 41, 7 ; dans le second sens, fr. 5, § 1, 41, 10 ; fr. 11, 41, 4 ; fr. 13, § 1, 41, 3 ; fr. 2, § 16, 41, 4 ; fr. 4, 41, 8 ; fr. 67, 23, 3 ; fr. 3 et 4, § 1, 41, 10 ; frag. Vatic., § 296.)

147. Il est à remarquer que plusieurs auteurs démentent eux-mêmes leur propre doctrine ; ce qui laisserait supposer que les textes ont subi une altération en passant par les mains des compilateurs.

148. Le second système, que nous venons d'exposer, se formulait ainsi : « Quod, cum quis suum esse existimaret, possederit, « usucapiet » (fr. 3, § 1, 41, 10). Faut-il en conclure que la bonne foi et la juste cause se confondaient ? Nous ne le croyons pas. La bonne foi est, comme nous le dit Modestin, loi 109, au Dig., *de verb. signific.*, la croyance où se trouve le possesseur, que celui qui a livré la chose était propriétaire ou avait le droit d'aliéner. Cette condition n'est exigée que dans un des cas d'application de l'usucapion, quand une chose *mancipi* ou *nec mancipi* a été livrée par un autre que le propriétaire et sans son consentement ; elle ne l'est pas dans le cas où une chose *mancipi* a été livrée par le propriétaire lui-même.

149. Au contraire, la juste cause qui révèle chez le *tradens* l'intention de transférer la propriété, est requise non seulement dans les deux cas d'application de l'usucapion, mais encore pour l'acquisition immédiate de la propriété (Gaïus, Inst. 2, 20 ; Inst. Just. §§ 35 et 40, *de divis. rer.* ; pr. *de usucap.*).

150. Ensuite, la preuve du juste titre incombe à celui qui invoque

l'usucapion, tandis que celle de la bonne foi n'est pas à sa charge ; c'est à son adversaire de prouver sa mauvaise foi.

151. Il nous semble que ces deux différences assez saillantes ne permettent pas de considérer la *justa causa* comme un des éléments de la *bona fides*. Les auteurs qui n'ont vu dans la juste cause qu'un moyen de prouver la bonne foi, n'ont pas distingué assez nettement l'intention d'aliéner du pouvoir d'aliéner. La bonne foi est la croyance au pouvoir d'aliéner du *tradens* ; la juste cause est le fait qui révèle chez lui l'intention de transférer la propriété. Si, dans certains cas, les jurisconsultes romains ont admis qu'une juste cause putative pouvait tenir lieu d'une juste cause véritable, et ont semblé faire ainsi du juste titre un élément de la bonne foi, ce n'a été que par exception ; mais la règle générale a toujours consacré la distinction, que nous signalons, entre ces deux conditions de l'usucapion, en les exigeant cumulativement dans la personne du possesseur.

CHAPITRE IV.

QUELS SONT LES EFFETS DE L'USUCAPION.

152. L'usucapion a pour effet principal de transférer le domaine quiritaire, soit d'une chose *mancipi* qui, livrée simplement par le propriétaire, est seulement entrée *in bonis*, soit d'une chose *mancipi* ou *nec mancipi*, qu'on a reçue de bonne foi de quelqu'un qui n'en était pas propriétaire. Dans l'un et l'autre cas, c'est-à-dire que l'usucapion profite à celui qui a la chose *in bonis*, ou à celui qui en a la *bonæ fidei possessio*, elle est au nombre des moyens civils d'acquérir le domaine romain : « Usucapione dominia nanciscimur, tam mancipi rerum quam nec mancipi (Ulp. Reg. 19, 8 ; Gaïus, Inst. II. §§ 41-43).

153. Mais l'usucapion ne confère le domaine de la chose qu'avec les charges dont elle était grevée dans les mains du précédent propriétaire. Il en résulte que tous ceux qui ont un droit d'usufruit, de

servitude ou de gage, le conservent intact, malgré l'usucapion
(fr. 44, 41, 5).

154. Après le temps de l'usucapion révolu, le possesseur, étant
devenu propriétaire, a toutes les actions destinées à protéger la
propriété, notamment la *rei vindicatio* pour réclamer la chose
contre tout détenteur. Pendant que l'usucapion courait, le possesseur n'était même pas sans défense. En effet, il avait à sa disposition les interdits destinés à garantir la possession légale.

155. Mais le possesseur pouvait perdre la possession avant l'accomplissement de l'usucapion.

Alors, suivant le droit civil, n'étant plus possesseur, il n'a plus
d'interdits à sa disposition, et n'étant pas encore propriétaire, il ne
peut exercer la *rei vindicatio*. Mais le droit prétorien vint à son
secours en lui accordant une action qu'on nomma Publicienne
Publiciana in rem actio, du nom du préteur qui l'introduisit
en sa faveur. La formule de cette action, basée sur une hypothèse
fictive, enjoignait au juge de traiter le demandeur comme s'il eût
achevé l'usucapion et fût ainsi devenu propriétaire.

156. La publicienne était donc une action fictice dans laquelle
on supposait accomplie, au profit du possesseur de bonne foi, une
usucapion qui n'était que commencée. D'où il suit que celui-là seul
pouvait l'exercer qui réunissait en sa personne toutes les conditions de l'usucapion, moins le temps.

157. L'action publicienne, de même que l'usucapion, s'appliquait
aussi bien à celui qui avait la chose *in bonis* qu'à celui qui n'en
n'en avait que la *bonæ fidei possessio*. Certains auteurs ont soutenu
cependant que l'action accordée pour protéger le domaine bonitaire
était différente de l'action publicienne accordée pour protéger la
possession de bonne foi. Mais la formule que Gaïus nous donne
de la publicienne, convient aux deux cas (Gaïus, Inst. 4, § 36), et
aucun texte ne favorise l'assertion de ces auteurs. (Voyez M. Pellat,
de la Propriété et de l'Usufruit, pages 437 à 439).

158. L'action publicienne, introduite par un motif d'équité,
amènerait un résultat contraire à sa destination même, si elle pouvait produire son effet dans le cas où elle serait intentée contre le
véritable propriétaire. Aussi ce dernier pouvait-il échapper à la
condamnation en faisant insérer, dans la formule, une exception

4

fondée sur ce que le domaine de la chose était à lui ; cette exception, qui portait le nom « d'exceptio justi dominii, » lui permettait de conserver la chose qui lui appartenait et dont il avait recouvré la possession (fr. 16, 6, 2 ; fr. 17 *ibid.*).

159. Il peut se faire que deux acheteurs successifs aient traité de bonne foi avec une personne qui n'était pas propriétaire. Ils ont été mis en possession l'un après l'autre, lequel des deux devra triompher dans l'action publicienne ? Est-ce celui qui possède actuellement ou celui qui exerce la publicienne ?

160. Suivant les Proculéiens, dont Neratius reproduit l'opinion, la préférence doit être accordée, dans tous les cas, à celui qui le premier a été mis en possession de la chose (fr. 31, § 2, 19, 1).

Les Sabiniens, au contraire, proposaient une distinction très rationnelle. Les deux acheteurs ont-ils traité avec le même vendeur non propriétaire, c'est celui qui a été mis en possession le premier qui doit triompher. Ont-ils traité, au contraire, avec deux vendeurs différents également non propriétaires, l'antériorité de possession est indifférente; on ne considère que la possession actuelle : « in pari causa melior est conditio possidentis, » C'est ce que nous dit Ulpien, en rapportant l'opinion de Julien, qu'il approuve (fr. 9, § 4, 6, 2).

161. C'est cette dernière opinion qui a prévalu, et avec raison. En effet, quand un vendeur fait tradition à un premier acheteur et le met ainsi en position d'usucaper, il ne peut plus exercer contre lui l'action publicienne, qu'il aurait lui-même comme possesseur de bonne foi. Comment pourrait-il, en recouvrant la possession de la chose et la livrant à un second acheteur, transférer à ce dernier plus de droit qu'il n'en a lui même ?

Au contraire, quand deux acheteurs ont reçu la même chose de deux vendeurs différents, le premier des vendeurs qui fait tradition ne peut amoindrir en rien l'effet que produira la tradition faite par l'autre vendeur, qui ne le reconnaît pas pour son auteur. Les deux acheteurs sont donc en position pareille, et la préférence doit être accordée à la possession actuelle.

162. Bien que la publicienne ne s'appliquât, en règle générale, qu'aux choses susceptibles d'usucapion, néanmoins le préteur ne s'est pas cru obligé, en cette matière, de suivre en tous points les

principes rigoureux de l'usucapion. C'est ainsi que la publicienne s'applique aux choses incorporelles, comme l'usufruit, les servitudes rurales et urbaines, quoique, dans la rigueur du droit civil, ces choses ne fussent pas susceptibles de possession. Le préteur a considéré la tradition de ces sortes de droits et la patience du propriétaire à en souffrir l'exercice comme constituant une sorte de possession, une *possessio juris* ou *quasi-possessio*, qu'il protége par une action réelle confessoire utile, l'action publicienne : « *Nam et hic traditionem et patientiam tuendam constat* (fr. 11, § 1, 6, 2). »

163. Par une fiction contraire à celle de l'action publicienne, l'usucapion accomplie est quelquefois rescindée, c'est-à-dire considérée comme non avenue, de telle sorte que le précédent propriétaire peut revendiquer la chose, comme si l'usucapion n'avait pas transféré la propriété au possesseur (Inst. 4, 6, § 5).

164. La rescision de l'usucapion, au moyen d'une action *fictitia*, c'est à dire fondée sur la fiction que l'usucapion acquise ne s'est pas accomplie, avait lieu dans deux situations différentes.

1° Pendant qu'un propriétaire est absent, il peut se faire qu'une chose lui appartenant vienne à être possédée par un autre et acquise par usucapion. Dans cette position, le préteur, prenant en considération l'impossibilité où a été le propriétaire, de poursuivre ses droits, lui accorde une action réelle ayant pour but de rescinder cette usucapion qui lui préjudicie. Cette action étant donnée pour protéger l'absent, il faut que l'absence soit motivée par une juste cause, comme un service public (*reipublicæ causa*), une crainte raisonnable (*metu*), la captivité chez l'ennemi (*hostium potestate* (fr. 1, § 1, 4, 6).

2° D'un autre côté, il peut se faire que le possesseur en voie d'usucaper la chose d'autrui soit absent lui-même. Le propriétaire, ne trouvant point d'adversaire, n'a pu obtenir ni juge, ni action. L'usucapion s'accomplissait donc au profit de l'absent, sans qu'il y eût aucun moyen de l'interrompre. C'est pour remédier à l'iniquité d'un pareil résultat que le préteur rescinde l'usucapion en accordant au propriétaire l'action réelle fictive; et, comme cette action a pour but de protéger ce dernier contre l'absent, l'édit qui la consacre s'applique, sans distinguer les causes de l'absence, à tous les

absents qui n'ont pas été défendus, *omnes qui absentes non defen-*
duntur (fr. 21, pr., et § 1 et 2, 4, 6).

165. L'action dont nous venons de parler a été nommée par les
interprètes *actio publiciana contraria* ou *rescissoria*, pour la distinguer de l'action publicienne ordinaire. Mais nous ne voyons rien
dans les textes, qui autorise à croire qu'il y eût une seconde espèce
d'action publicienne, une action publicienne rescisoire. Nous
croyons que, dans le cas d'absence, soit du propriétaire, soit du
possesseur, le préteur, en rescindant l'usucapion, accordait à l'ancien propriétaire l'action publicienne, qu'il avait conservée, ou bien
lui rendait son action en revendication, qu'il avait perdue, par suite
de l'accomplissement de l'usucapion au profit du possesseur actuel,
en supposant fictivement, dans les deux cas, que l'usucapion ne
s'est pas accomplie.

166. L'action réelle fictice, dont il vient d'être question, se rattache à la théorie des restitutions en entier, dont nous devons dire
quelques mots.

Lorsque, selon la rigueur du droit civil, par suite d'un contrat
ou tout autre fait juridique, une personne avait éprouvé un préjudice, en perdant un droit quelconque, droit de propriété ou de
créance, droit d'action ou d'exception, le préteur, pour certaines
considérations d'équité, la rétablissait, la réintégrait dans la position
qu'elle avait auparavant. C'est ce qu'on nomme une *restitutio in*
integrum, ou, comme dit Paul, *rei vel causæ redintegratio* (Paul
Sent. 1. 7.) Mais le préteur n'accordait ce recours que lorsqu'il
n'en existait aucun autre plus simple et lorsqu'il y avait lésion suf-
fisante pour justifier une telle mesure (fr. 3. 4. 1 ; fr. 4. *ibid.*; fr.
16. pr. 4. 4).

167. Il faut distinguer, en cette matière, entre les mineurs et les
majeurs de vingt-cinq ans. Pour les premiers, la seule minorité peut
être une cause de restitution, s'ils ont été lésés. Pour les majeurs
de vingt-cinq ans, les causes de restitution sont notamment, la
violence, le dol, l'erreur légitime, l'absence nécessaire. Le préteur
se réservait même la faculté de prononcer la *restitutio in integrum*,
d'une manière générale pour toute cause qui lui paraîtrait légitime:
« Si qua alia mihi justa causa esse videbitur » (Paul, Sent., 1, 7,
§ 2; fr. 1, § 1, 4, 6.)

168. Nous venons de voir la restitution *in integrum* appliquée, en matière d'usucapion, au cas d'absence nécessaire du propriétaire, au moyen d'une action réelle fictice. Nous pouvons citer un autre cas d'application de cette restitution, pour cause de minorité. Une personne a reçu *a non domino* une chose appartenant à un mineur de vingt-cinq ans; elle la possède un an ou deux ans, suivant les cas, et en acquiert ainsi la propriété par usucapion. Le mineur propriétaire, dépouillé ainsi de son bien par le fait d'un tiers, éprouve un préjudice, une lésion réelle. Il s'adresse au préteur qui, après avoir pris connaissance des faits, *cognita causa*, constate que le mineur a éprouvé un préjudice et le réintègre dans son droit de propriété en rescindant l'usucapion et en lui accordant une action réelle contre le détenteur de la chose. Nous avons déjà vu que les empereurs Dioclétien et Maximien accordent expressément le bénéfice de la *restitutio in integrum* aux mineurs dont les biens ont été usucapés, et n'ont fait en cela que confirmer les dispositions de l'édit du préteur.

169. Nous avons déjà parlé d'une usucapion exceptionnelle, de l'usucapion *pro herede*, qualifiée par les jurisconsultes d'*usucapio lucrativa* (Gaïus, Inst. 2, § 56).

Nous devons, en terminant cette première partie, mentionner une autre espèce d'usucapion, qui avait un caractère et un nom particuliers.

170. Quelquefois une personne mancipait ou cédait *in jure* sa chose, avec clause de fiducie (*cum fiducia*), c'est à dire à la condition que celui qui la recevait la rendrait dans telle circonstance déterminée. Ce transport de propriété avait lieu dans le but, soit de constituer un gage à un créancier, pour sûreté de ses droits, soit de déposer la chose entre les mains d'un ami, afin qu'elle fût mieux conservée chez lui. Quand un pareil contrat était intervenu, celui qui avait aliéné sa chose avec clause de fiducie, avait, pour en recouvrer la propriété, une usucapion particulière, dite *usureceptio*, qui s'accomplissait à son profit sans bonne foi et par une seule année de possession, même pour les immeubles. C'était, comme l'indique le mot, la reprise de la propriété par l'usage ou la possession. Gaïus la qualifie d'*usucapio lucrativa*, comme l'usucapion *pro herede*, sans doute parce que l'une et l'autre étaient dispensées des

conditions rigoureuses de l'usucapion ordinaire (Gaïus. Inst. 2, § 59 et 60; Paul. Sent. 2, 15),

---

DEUXIÈME PARTIE.

DE LA PRESCRIPTION DE LONG TEMPS.

171. L'usucapion n'avait qu'une application limitée à certaines personnes et à certaines choses. Quant aux personnes, celles-là seules y avaient droit qui avaient le *commercium*, et qui réunissaient d'ailleurs les conditions requises par la loi.

Quant aux choses, l'usucapion s'appliquait aux meubles sans distinction de lieux, mais elle ne s'appliquait qu'aux immeubles situés sur le sol italique ou dans le territoire des cités qui avaient été dotées, par une faveur spéciale, du *jus italicum*. Pour ce qui est des fonds provinciaux, ils n'étaient pas susceptibles d'usucapion. C'est ce que nous dit Gaïus, dans ses Instituts : « *Item provincialia prædia usucapionem non recipiunt*. (Inst. 2, § 46) ».

172. Mais pourquoi en était-il ainsi ? C'est que le sol provincial n'était pas *in commercio* dans le sens rigoureux du mot. Le domaine en appartenait au peuple ou à l'empereur. Les particuliers n'en pouvaient avoir que la possession et la jouissance (Gaïus, Inst. 2, 7). Les possesseurs du sol provincial étaient assujettis à un impôt annuel qui prenait le nom de *stipendium* ou de *tributum*, suivant que la province, sur laquelle on le levait, appartenait au peuple ou à l'empereur ; de là, la division des fonds provinciaux en fonds stipendiaires et tributaires. Ainsi, les fonds provinciaux, n'étant pas susceptibles de propriété privée, ne pouvaient, par une conséquence nécessaire, être acquis par usucapion.

173. On comprend parfaitement que, s'il avait fallu s'en tenir à l'application rigoureuse des principes, la possession du sol provincial, n'empruntant au droit civil aucun secours, eût été frappée d'une sorte de stérilité funeste à l'État lui-même. Mais le préteur

songea à combler cette lacune, et il entoura la propriété imparfaite
des fonds provinciaux d'une protection efficace au moyen de certaines garanties. Une de ces garanties fut la *præscriptio longi
temporis*, dont nous avons à nous occuper en ce moment.

174. Quand une personne était entrée de bonne foi en possession d'un fonds provincial, livré par un autre que le propriétaire,
quoiqu'elle ne pût point l'acquérir par usucapion, le préteur,
pourvu qu'elle l'eût possédé dix ou vingt ans, lui accordait contre
l'action du propriétaire un moyen de défense appelé *longi temporis
præscriptio*.

175. Nous avons vu que l'objet de l'usucapion était de transférer le domaine quiritaire, soit d'une chose *mancipi* simplement
livrée *a domino*, soit d'une chose *mancipi* ou *nec mancipi* livrée
a non domino. L'objet de la *præscriptio longi temporis* était
unique, c'était de défendre la possession du sol provincial par le
secours d'une exception perpétuelle.

La prescription de long temps, introduite par les édits des préteurs, fut confirmée par les constitutions impériales (fr. 76, 18, 1).

Nous avons à nous demander quelles choses sont soumises à la
prescription de long temps; quelles sont les conditions de cette
prescription; enfin quels sont ses effets.

CHAPITRE PREMIER.

QUELLES CHOSES SONT SOUMISES A LA PRESCRIPTION DE LONG TEMPS.

176. La prescription est, comme l'usucapion, fondée sur la possession. Il en résulte que les choses incorporelles ne doivent pas
être plus susceptibles de prescription que d'usucapion.

Mais les préteurs avaient considéré la tradition d'une servitude,
soit personnelle, soit prédiale, et la patience du propriétaire à en
souffrir l'exercice, comme constituant une sorte de possession,
quasi-possessio, possessio juris. De même que la possession d'une
chose corporelle était protégée par les interdits possessoires, de
même la quasi-possession d'une servitude était protégée par les
interdits *quasi-possessoires* ou utiles (Vatic. fragm. §90). On avait

même accordé au possesseur de ce droit une action réelle utile, l'action publicienne (fr. 11, § 1, 6, 2).

177. Mais faut-il aller jusqu'à dire que la *longi temporis præscriptio* s'appliquait aux servitudes ? Et d'abord l'usufruit était-il susceptible de cette prescription ?

Avant Justinien, aucun des anciens textes, soit du Digeste, soit du Code, ne mentionne l'usufruit comme pouvant être acquis par la prescription de long temps, ni par une possession quelconque. Qu'en faut-il conclure? C'est que, dans l'ancien droit, l'usage n'a jamais pu établir l'usufruit, soit par prescription, soit même par un temps immémorial (fr. 44, § 5, 41, 3).

Depuis la loi Scribonia, les servitudes prédiales pas plus que l'usufruit, ne pouvaient s'établir par l'usucapion. Mais nous savons que les préteurs avaient protégé la quasi-possession des choses incorporelles en donnant dans plusieurs cas des actions utiles, des interdits (*utiles actiones, interdicta*), pour maintenir les droits de ceux qui avaient eu une longue jouissance de certaines servitudes.

178. Mais la prescription de long temps s'appliquait-elle aux servitudes prédiales? La réponse à cette question est plus difficile.

179. D'abord, les servitudes urbaines, offrant un caractère continu, étaient, en général, celles qui pouvaient s'établir par un long usage : « Servitutes quæ in superficie consistunt possessione retinentur, » (fr. 20, 8, 2).

Il n'en était pas de même des servitudes rurales. Nous trouvons, néanmoins, dans le Digeste et dans le Code, de nombreux passages qui prouvent qu'on avait pris un soin tout particulier pour maintenir et confirmer les droits de prise d'eau établis par un long usage (fr. 10, 8, 5 ; fr. 26, 59, 5 ; fr. 3, § 4, 45, 20 ; 1, § 23, 59, 5).

Nous pouvons encore citer l'interdit *de itinere actuque privato* destiné à protéger les droits de passage dont on avait une longue possession (fr. 5, § 5, 45, 19 ; fr 25, 8, 6).

180. Les textes que nous venons de rapporter n'exigent pas que la possession soit fondée sur une juste cause ; ils se contentent d'une possession qui n'est ni violente, ni clandestine, ni précaire (*nec vi, nec clam, nec precario*). Ils ne fixent pas non plus le temps de la possession. Il est probable qu'on consultait sur ce dernier point les circonstances et la nature des servitudes. Les textes parlent d'une

longa consuetudo, d'une *longa quasi-possessio*. Ils se servent encore des expressions *longi temporis consuetudo*, *usus retustas*. Le texte de Pomponius, relatif à l'aqueduc, exige même un usage *cujus origo memoriam excessit* (fr. 3, § 4, 43, 20).

181. Jusque-là, pas de doute, les servitudes prédiales ne sont pas susceptibles à proprement parler, de la prescription de long temps. Le préteur pour les protéger, n'exige pas la réunion des conditions requises pour cette prescription. Mais nous trouvons au Code une constitution d'Antonin ainsi conçue : « Si aquam per possessionem Martialis, eo sciente, duxisti, servitutem exemplo rerum immobilium tempore quæsisti »(Co.2,c.3,34).Cette constitution a-t-elle eu pour objet de transformer la *longa quasi possessio* des servitudes en une véritable *præscriptio longi temporis*? On pourrait le croire. Antonin a peut-être voulu établir, en cette matière, une législation uniforme. Toutefois, cette opinion est très problématique. Si on l'admet, il faut décider alors que la possession des servitudes dut, depuis cette époque, être revêtue de toutes les conditions nécessaires pour conduire à la prescription de long temps.

Nous allons passer à l'examen de ces conditions.

CHAPITRE II.

QUELLES SONT LES CONDITIONS REQUISES POUR LA PRESCRIPTION DE LONG TEMPS.

182. La prescription de long temps est soumise aux mêmes conditions que l'usucapion. Ainsi la possession, qui en est l'élément essentiel, doit être fondée sur une juste cause, être acquise avec bonne foi, se continuer sans interruption pendant tout le temps fixé par la loi.

Nous ne répéterons pas ici les explications que nous avons données plus haut touchant le juste titre et la bonne foi.

Quant au délai de la possession, il doit être de dix ans entre présents, de vingt ans entre absents : « *Longi temporis præscriptio inter præsentes continuo decennii spatio, inter absentes vicennii comprehenditur* (Paul. Sent. 5, 2, § 5). »

183. Nous devons signaler ici une différence entre l'usucapion et la prescription de long temps. Nous avons vu que le temps de l'usucapion courait indistinctement contre toutes personnes, même contre celles qui ne pouvaient l'interrompre. La prescription de long temps, au contraire, ne court pas contre les militaires en expédition (Co. 1, C. 7, 55.), ni contre ceux qui sont absents, soit pour le service de la république, soit pour toute autre cause, s'ils ont été dans l'impossibilité de se défendre, Co. 2 et 4, *ibid.*); ni contre les mineurs (C. 3, *ibid.*); ni contre les prisonniers de guerre (Co. 6, *ibid.*); ni plus généralement, contre tous ceux qui jouissent du bénéfice de *restitutio in integrum* (Co. 7, *ibid.*).

184. Les principes relatifs à l'accession de possession étaient communs à l'usucapion et à la prescription de long temps. Nous n'avons qu'à nous reporter à ce que nous avons dit sur ce point dans notre première partie.

185. En ce qui concerne l'interruption, notons une différence importante entre l'usucapion et la prescription de long temps. Nous avons vu que l'usucapion n'était pas interrompue par la litis-contestation, parce qu'elle est une acquisition par la possession et que la revendication intentée contre le possesseur n'empêche pas qu'il ne détienne réellement la chose; d'où il suit que l'usucapion continuait et pouvait s'achever pendant les délais de l'instance. La prescription, au contraire, n'étant, comme nous l'avons déjà dit, qu'un moyen à opposer à l'action, l'instance produit à son égard une interruption civile ou fictive. Si, au moment de la litis-contestation le défendeur n'a pas le temps de possession nécessaire, la prescription cesse de courir à son profit, et elle ne peut s'accomplir pendant la durée de l'instance; «*Nec bona fide possessionem adeptis longi temporis præscriptio post moram litis contestatæ completa proficit* (Co. 10, C. 7, 55). »

CHAPITRE III.

186. L'usucapion transfère au possesseur le domaine quiritaire de la chose ; elle est donc un mode d'acquérir la propriété. Il n'en est pas de même de la prescription de long temps, qui est d'institution prétorienne. Le préteur peut bien faire un *possessor*, jamais un *dominus*. Aussi la prescription n'est-elle qu'un moyen offert au possesseur, pour repousser l'action dirigée contre lui par le propriétaire.

187. Pour bien comprendre le sens du mot *præscriptio*, il faut savoir que, sous le système formulaire, on donnait le nom de *præscriptio* à une certaine restriction insérée dans la formule d'action, que le préteur adressait au juge. Cette restriction était mise à la requête, soit du demandeur, soit du défendeur. Elle était toujours placée en tête de la formule ou dans la *demonstratio*. C'est de là que lui vient son nom : « Præscriptiones autem appellatas esse ab eo quod « ante formulas præscribuntur, plus quam manifestum est (Gaïus. « Inst. 4, § 132). » La prescription de long temps était mise à la requête du défendeur et pouvait être conçue à peu près en ces termes: « Ea res agatur cujus non est possessio longi temporis. » Plus tard, « la *præscriptio longi temporis*, » comme les autres *præscriptiones*, fut convertie en exception et comme telle insérée à la fin de la formule ; mais elle n'en conserva pas moins son nom de prescription.

188. Pour en revenir aux effets de la prescription, le propriétaire qui revendique sa chose, dans le délai de dix ou vingt ans, triomphe et en obtient la restitution ; après l'expiration des dix ou vingt ans, il peut bien encore intenter l'action en revendication contre le possesseur; mais celui-ci paralyse son action par la prescription, laquelle produit à peu près le même effet qu'une exception.

189. La prescription n'étant pas un moyen d'acquérir, celui qui a la possession de long temps ne peut pas lui-même revendiquer la chose, du moins suivant la rigueur du droit civil. Il paraît toutefois, d'après certains textes, qu'une action réelle avait été introduite en sa faveur. Ainsi Ulpien nous dit que le possesseur d'un fonds provincial a une revendication utile : « *Utilem habet actionem* (fr. 10, 8, S). » Justinien lui-même s'exprime ainsi , en parlant de celui qui a accompli la prescription de long temps ; « Posse « eum etiam actionem ad vindicandam rem eamdem habere sanci- « mus ; hoc enim et veteres leges, si quis eas recte inspexerit, san- « ciebant (Const. 8, pr. C. 7, 59). »

190. Cela nous prouve que , quoique les fonds provinciaux ne fussent pas susceptibles de « dominium ex jure Quiritium» il existait cependant pour eux un *dominus* pouvant exercer une action réelle, qui restait sans effet contre celui qui avait possédé « longo «tempore » et qui se transmettait même à ce dernier. On ignore quelle pouvait être cette action et jusqu'à quel point elle pouvait se rapprocher, soit de l'action *in rem civilis*, soit de l'action publicienne.

191. Avant l'application de l'action réelle aux fonds provinciaux, il est à supposer que l'institution prétorienne, connue sous le nom d'interdits, était le seul mode de protection auquel le possesseur de cette classe d'immeubles pût avoir recours pour défendre son droit (V, M. Pellat, *De la Propriété et de l'Usufruit*, pages 43 et 48).

192. Considérée à ce premier point de vue , la prescription est moins avantageuse que l'usucapion, outre que cette dernière s'accomplit pour un délai plus court.

193. Mais, sous un autre rapport, la prescription est plus avantageuse que l'usucapion. Nous savons, en effet, que l'usucapion ne transfère la propriété qu'avec les charges dont la chose est grevée; la prescription , au contraire , fournit un moyen de défense non seulement contre le propriétaire, mais même contre celui qui ayant un droit sur la chose, par exemple , un droit de gage ou d'hypothèque, ne l'a pas exercé (fr. 12, 44, 3).

Sous ce dernier rapport, la prescription n'est pas sans utilité même pour les fonds italiques et pour les meubles (fr. 3 ; fr. 9.

ibid.), outre qu'elle est seule applicable aux fonds provinciaux que n'atteint pas l'usucapion.

———·———

TROISIÈME PARTIE.

—

INNOVATIONS DE JUSTINIEN.

194. Justinien, par une première constitution, supprime toute différence entre les fonds provinciaux et les fonds italiques. De cette manière, la possession du sol provincial devient une propriété légale, un *dominium* proprement dit, auquel s'appliqueront désormais tous les modes de translation de la propriété. (Const. uniq. C. 7. 31).

195. A mesure que le véritable droit civil disparaissait, la propriété romaine s'effaçait. Déjà, avant Justinien, la distinction des choses *mancipi* et *nec mancipi* était tombée en désuétude ; elle n'était plus que nominale.

Justinien, par la même constitution, l'abroge formellement et confirme ainsi en droit ce qui existait déjà en fait. (*Ibid.*)

Quant au domaine romain, il n'existait plus, le *nudum jus Quiritium* n'était plus qu'un vain titre. Justinien en efface les derniers vestiges et ne reconnaît plus qu'une sorte de propriété, une propriété ordinaire, dépouillée de son originalité primitive. Supprimant toute distinction entre le *dominium ex jure Quiritum* et cette propriété imparfaite, introduite par le droit des gens (*in bonis habere*), l'empereur déclare qu'il suffit d'avoir une chose *in bonis* pour en être seul et légitime propriétaire (Const. uniq. C. 7. 25).

196. Du moment que le sol provincial et le sol italique sont assimilés entre eux, que l'un et l'autre sont susceptibles de propriété

privée, la prescription de long temps n'a plus sa raison d'être. Aussi Justinien confond-il en un seul tout l'usucapion et la prescription. Il attribue à cette dernière tous les effets de l'usucapion qui se trouve ainsi transformée, tout en conservant quelques-uns des caractères de la prescription au nouveau droit qu'il crée.

197. Voici les principales modifications introduites par Justinien sur ce point.

A l'égard des meubles, Justinien augmente le délai fixé par la loi des Douze-Tables, en le portant d'un an à trois ans. Appliquée aux meubles, l'acquisition par la possession conserve le nom d'usucapion.

A l'égard des immeubles, pour lesquels est réservé le mot de prescription, Justinien conserve les délais de dix ans entre présents et vingt ans entre absents (Const. uniq. C. 7. 51).

Les délais de la prescription sont appliqués d'après le domicile des parties intéressées. Le propriétaire et le possesseur habitent-ils la même province, la prescription s'accomplit par dix ans ; habitent-ils des provinces différentes, elle ne s'acquiert que par vingt ans de possession. On n'a point égard, comme dans notre droit actuel, à la situation de l'immeuble possédé. Il paraît que des difficultés s'étaient élevées, dans l'ancien droit, pour l'application de ces délais ; Justinien tranche toute contestation par la constitution spéciale qu'il porte sur ce point. (Const. 12. C. 7. 55).

198. Les autres conditions de l'usucapion et de la prescription, établies par Justinien, sont les mêmes que par le passé. Quiconque veut invoquer l'une ou l'autre doit avoir une possession fondée sur un juste titre et sur la bonne foi.

199. Par rapport aux effets, la prescription n'est plus, comme autrefois, un simple moyen de défense ; elle est devenue un mode d'acquérir la propriété ; elle fournit à celui qui l'a acquise une véritable action en revendication, une action civile, au moyen de laquelle il peut poursuivre la chose contre tout détenteur.

200. Par suite de la suppression de la distinction, si importante dans l'ancien droit, des choses *mancipi* et *nec mancipi*, l'usucapion, transformée par Justinien, n'a plus qu'un seul objet, celui de conduire à la propriété d'une chose livrée *a non domino*.

201. En ce qui concerne l'interruption civile, Justinien adopte

la règle observée jadis pour la prescription de long temps. L'usucapion des meubles et la prescription des immeubles seront l'une et l'autre interrompues par l'action du véritable propriétaire. De plus, l'empereur donne au propriétaire un moyen d'interrompre la prescription contre le possesseur absent. Il suffit de manifester, dans une requête, adressée au magistrat supérieur, ou dans une protestation authentique, l'intention de revendiquer. Ce mode d'interruption a pour effet remarquable de supprimer en réalité l'action rescisoire fondée sur l'absence du possesseur. Si le propriétaire néglige d'employer ce nouveau moyen d'arrêter la prescription, il en subira les conséquences ; il n'aura plus droit au bénéfice de la *restitutio in integrum*, et la prescription sera irrévocablement acquise contre lui (Const. 2, C. 7, 40).

202. Nous devons noter une autre innovation de Justinien, par rapport à la prescription des immeubles. Nous avons vu que, dans l'ancien droit, l'opinion générale des jurisconsultes avait reconnu que les immeubles n'étaient pas susceptibles d'être volés, et qu'ainsi il suffisait au possesseur de bonne foi que l'immeuble n'eût jamais été possédé par violence, pour qu'il pût l'usucaper, encore bien que son auteur eût été de mauvaise foi. Justinien a modifié ce point en exigeant par la novelle 119, chap. 7, que l'auteur ait été lui-même de bonne foi, ou que, dans le cas contraire, le maître ait eu connaissance de son droit et du fait qui a transporté la possession à un tiers. En l'absence de ces conditions, le possesseur, malgré sa bonne foi, ne peut prescrire que par trente ans.

203. Nous avons déjà vu plusieurs fois que, depuis la loi Scribonia, les choses incorporelles n'étaient plus susceptibles d'usucapion, mais que les préteurs avaient admis une quasi-possession des servitudes tant personnelles que réelles, quasi-possession qu'ils protégeaient par des interdits utiles et par l'action publicienne. Nous savons aussi, s'il faut en croire une constitution d'Antonin, que la prescription de long temps avait été appliquée aux servitudes prédiales. Nous avons à nous demander maintenant si Justinien n'a pas étendu à l'usufruit la prescription nouvelle qu'il a établie. La question est controversée. Le texte sur lequel repose la discussion est la constitution 12, au Code, *de præscript. long. temp.*

204. Après avoir, dans cette constitution, exposé et résolu les

contestations qui peuvent s'élever relativement à la présence et à l'absence des parties pour la prescription de long temps, Justinien termine par ces mots : « Eodem observando, etsi res non soli sint, « sed incorporales, quæ jure consistunt, veluti ususfructus et « cæteræ servitutes. »

205. Les interprètes, qui soutiennent que Justinien a appliqué à l'usufruit la prescription de long temps, se fondent sur les termes mêmes que nous venons de rapporter.

Ils disent que Justinien, en statuant sur toutes les servitudes sans distinction, a posé une règle générale qui consacre pour toutes l'acquisition par prescription, de telle sorte qu'on ne peut sans arbitraire en excepter l'usufruit.

206. Les auteurs qui admettent la négative prétendent qu'en appliquant la prescription de long temps à l'usufruit et aux servitudes prédiale Justinien s'est occupé non de leur acquisition, mais de leur extinction par dix ou vingt ans de non-usage. Ils ajoutent qu'il n'est pas probable que cet empereur, toujours si prolixe, ait introduit en aussi peu de mots une innovation aussi importante, surtout par rapport à l'usufruit qui, dans le droit antérieur, ne pouvait s'acquérir ni par usucapion, ni *per longum tempus*, ni même par un temps immémorial.

207. Mais on peut ajouter, en faveur de la première opinion, que l'explication du système adverse serait plus concluante, si Justinien ne s'était occupé que des servitudes personnelles ; mais, comme la disposition qu'il porte embrasse toutes les servitudes sans distinction, il n'est pas vraisemblable qu'il déroge, sans en rien dire, aux règles admises par le droit honoraire pour l'acquisition des servitudes prédiales.

208. Il faut avouer, toutefois, que la seconde opinion, professée par M. Zimmern, jurisconsulte allemand, a rallié à elle les meilleurs esprits, et qu'elle a l'avantage d'être en parfaite harmonie avec les anciens principes.

APPENDICE.

DES PRESCRIPTIONS AUTRES QUE CELLE DE DIX OU VINGT ANS.

CHAPITRE PREMIER.
DE LA PRESCRIPTION DE TRENTE ANS.

209. La prescription de trente ans ou *præscriptio longissimi temporis* a lieu toutes les fois que l'usucapion ou la prescription de long temps ne peuvent pas être invoquées, soit à cause des vices de la chose, par exemple, parce qu'elle est volée ou possédée par violence, soit à cause des vices du titre ou du défaut de bonne foi chez le possesseur.

210. La prescription de trente ans n'est pas un moyen d'acquérir la propriété. Elle donne seulement au possesseur une exception pour repousser la revendication du propriétaire. Le possesseur qui détient depuis trente ans peut bien se maintenir en possession en écartant l'action du propriétaire ou du créancier hypothécaire ; mais, si la chose sort de ses mains, il ne peut la revendiquer contre le nouveau possesseur. La revendication ou l'action hypothécaire contre ce dernier continue d'appartenir au maître ou au créancier, nonobstant l'exception victorieuse que leur a opposée le précédent possesseur, et que le détenteur actuel n'opposera lui-même qu'après avoir possédé pendant trente ans (Co., 8, C. 7, 39).

211. Remarquons toutefois que la prescription trentenaire est un moyen d'acquérir la propriété dans le cas exceptionnel où le possesseur a été de bonne foi au commencement de sa possession (*ibid.*).

La prescription de trente ans, établie par Théodose le Grand, s'applique à toutes les actions, tant personnelles que réelles, sauf l'exception dont nous allons parler, relative à l'action hypothécaire, dans le cas où l'objet se trouve en la possession du débiteur (C. 3, *ibid.*).

Elle court contre toute personne ; les pupilles seuls en sont affranchis (*ibid.*).

5

CHAPITRE II.

DE LA PRESCRIPTION DE QUARANTE ANS.

212. Anastase établit la prescription de quarante ans comme dernière limite des actions qui pouvaient encore durer plus de trente ans (Co. 4. C. 7, 39.)

Justin en fait une application spéciale à l'action hypothécaire exercée quand l'objet est entre les mains du débiteur (C. 7, *ibid.*)

213. Enfin, Justinien, après avoir défendu qu'on opposât aux églises ou autres lieux vénérables aucune autre prescription que celle de cent ans (Co. 25, 1), 2, les soumet aussi à la prescription de quarante ans (Nov. 131, cap. 6).

Nous n'avons qu'à répéter ici ce que nous venons de dire des effets de la prescription de trente ans.

CHAPITRE III.

DE LA PRESCRIPTION PARTICULIÈRE EN FAVEUR DES ACQUÉREURS DU FISC.

214. D'après une constitution de Marc-Aurèle, celui qui avait acheté du fisc la chose d'autrui, même de mauvaise foi, pouvait, après cinq ans de possession, repousser par voie d'exception, la revendication du propriétaire (Co. 3, c. 2, 37). Nous savons que l'acheteur avait, de droit commun, la faculté d'usucaper par un délai beaucoup plus court. Aussi, l'édit de Marc-Aurèle n'était-il vraiment utile que dans le cas où l'usucapion ne pouvait pas courir; par exemple, quand le possesseur était de mauvaise foi, ou lorsqu'il s'agissait de choses furtives.

215. Zénon décida ensuite que tout acquéreur du fisc, obtiendrait à l'instant même de la tradition, la propriété libre de toute hypothèque, sauf le recours du propriétaire ou des créanciers hypothécaires contre le trésor public, mais pendant quatre ans seulement (Co. 2, 7, 37).

Justinien étendit le même privilège à ceux qui acquerraient de la maison de l'empereur ou de celle de l'impératrice (Co. 3 *ibid.*).

DROIT FRANÇAIS.

DE

LA PRESCRIPTION ACQUISITIVE.

1. La prescription est fondée sur les plus hautes considérations d'intérêt social ; en effet, une foule de circonstances peuvent nous placer dans l'impossibilité de représenter la preuve, soit du droit que nous avons sur une chose, soit de l'accomplissement de l'obligation que nous avons autrefois contractée. En présence de cette impossibilité, et pour mettre fin aux contestations dont elle eût été la source, tous les législateurs ont compris la nécessité de considérer la longue possession du défendeur ou l'inaction prolongée de son prétendu créancier, comme la conséquence d'un droit que ce défendeur n'est pas en mesure de prouver ; c'est ce droit dénué de preuve qu'ils ont voulu protéger au moyen de la prescription.

2. La prescription est donc une garantie nécessaire à la paix publique. Elle consolide la propriété, prévient une foule de procès, et assure ainsi la tranquillité des familles ; aussi les jurisconsultes romains l'avaient-ils surnommée la patronne du genre humain.

3. Nous avons à nous occuper spécialement, dans le cours de ce travail, de la prescription acquisitive. Nous commencerons par indiquer les règles communes à toute prescription ; puis nous parcourrons successivement les conditions spéciales à la prescription acquisitive ; enfin, nous terminerons par l'examen des diverses espèces de prescriptions acquisitives.

4. Avant d'entrer en matière, il nous paraît nécessaire de rechercher l'étymologie du mot prescription et d'en donner la définition.

5. Et, d'abord, le mot prescription est loin d'avoir, dans notre législation moderne, le sens qu'il présente naturellement. Prescription, en effet, signifie tout simplement une *écriture mise en avant*. Cette qualification est un reste de la procédure formulaire des Romains. Nous avons vu, en traitant de la *præscriptio longi temporis*, que le possesseur d'un fonds provincial, poursuivi en justice par le propriétaire, ne pouvait échapper à la condamnation qu'en prouvant que, s'il n'était pas propriétaire du bien *ex jure Quiritium*, du moins il le possédait depuis le temps voulu pour être à l'abri de toute attaque, d'après le droit prétorien. Quand le possesseur opposait ce moyen de défense, le préteur ajoutait à la formule cette restriction : *ea res agatur cujus non est possessio longi temporis*. Cette phrase modificative, quoique mise après coup, s'écrivait cependant en tête de la formule ; de là lui venait le nom de *præscriptio*. Aujourd'hui que la prescription est un moyen d'acquérir ou de se libérer, le mot prescription est bien détourné de son sens étymologique.

6. Le Code définit la prescription acquisitive un moyen d'acquérir par un certain laps de temps, et sous les conditions déterminées par la loi (art. 2219).

Une difficulté, que je crois purement théorique, s'est élevée à propos de cette définition. On s'est demandé si la prescription était bien un moyen d'acquérir, si elle n'était pas plutôt la présomption légale d'une acquisition antérieure.

7. Les partisans de cette seconde idée invoquent les autorités de notre droit coutumier, les paroles des orateurs qui ont présenté et soutenu les principes de la loi sur la prescription, au tribunal , au corps législatif. Partout, disent-ils , on a donné à la prescription le caractère de présomption légale. Ainsi la prescription n'est que la preuve légale d'une acquisition antérieure. S'il en était autrement, si la prescription était la cause légale d'acquisition du bien, on serait forcé d'admettre que le défendeur à la revendication , qui aurait opposé victorieusement la prescription et qui conserverait ainsi l'immeuble qu'il détient , serait néanmoins tenu , dans le cas où sa possession aurait été de mauvaise foi, de restituer les fruits de cet immeuble perçus antérieurement à l'échéance du délai, parce qu'au moment de leur perception il n'était que possesseur et possesseur

de mauvaise foi. Or, personne n'admet cette conséquence; donc la prescription n'est autre chose que la présomption légale d'une acquisition supposée réalisée le jour même où la prescription a commencé à courir.

8. Cette théorie ne nous paraît pas exacte. Sans doute, la prescription repose en grande partie sur la présomption de fait d'un droit antérieurement acquis. Mais ce n'est pas là la seule raison d'être de la prescription. Le motif d'utilité générale a déterminé tous les législateurs à fixer un temps, à partir duquel ce qui est doit être considéré comme juste, par cela seul qu'il est. Il ne fallait pas jeter le trouble et la perturbation dans la société en donnant effet à un droit resté non exercé pendant de longues années. Ce second motif de la prescription est même si puissant, qu'un possesseur qui aurait l'impudence d'avouer qu'il s'est emparé du bien, sachant qu'il ne lui appartenait pas, mais qui opposerait à son adversaire une possession de trente années, obtiendrait gain de cause en justice et serait déclaré propriétaire en vertu de la prescription. On ne peut nier que, dans ce cas, la prescription ne soit une cause d'acquisition, un véritable moyen d'acquérir, et non pas simplement la présomption légale d'une cause préexistante d'acquisition.

9. Si nous voulons consulter les anciens principes, la prescription acquisitive ne s'appelait-elle pas, à Rome, du nom énergique d'*usucapio*, et n'était-elle pas un des cinq modes d'acquérir la propriété quiritaire? Dans notre ancien droit français, tous nos auteurs ne sont-ils pas d'accord pour admettre la même idée? Domat disait que la prescription est un *moyen d'acquérir* par l'effet du temps; Dunod qu'elle est un *moyen d'acquérir* le domaine des choses en les possédant; Pothier, enfin, que la prescription acquisitive peut se définir *l'acquisition de la propriété* par la possession (1). »

10. Le Code Napoléon, non content de définir la prescription, dans l'art. 2219, un *moyen d'acquérir*, n'a-t-il pas pris soin, dans l'art. 712, de ranger la prescription parmi les *manières d'acquérir*

(1) Domat (liv. 3, tit. 7, sect. 4, n° 1), Dunod (Prescript., chap. 1), Pothier (Orléans, tit. 14, Introd., n°° 1, 30 et 31).

la propriété? Nous croyons donc que les rédacteurs du Code n'ont fait que suivre non seulement l'ancien droit français, mais même le droit romain, et qu'en posant la prescription comme cause légale d'acquisition, ils se sont conformés de tous points aux anciens principes.

11. Ce que nous venons de dire n'empêche pas la prescription d'avoir un effet rétroactif au jour où elle a commencé à courir. Tout le monde le reconnaît. Par conséquent, le possesseur de mauvaise foi qui a prescrit le bien par trente années ne sera pas tenu de restituer les fruits; car la loi, en brisant le droit de l'ancien propriétaire, le brise pour le tout, pour les accessoires comme pour l'objet principal.

12. La prescription est-elle du droit naturel ou du droit civil? Cette question a été très-controversée, parce que les auteurs qui l'ont examinée se sont placés à un point de vue absolu. Nous croyons, pour notre part, que la prescription est tout à la fois du droit civil et du droit naturel; du droit naturel, quant à son principe fondamental, puisqu'elle a sa raison d'être dans la force même des choses; du droit civil pour la plupart des règles de détail qui en organisent l'application, puisque ces règles varient d'un pays à un autre pays, d'une époque à une autre époque.

13. Si la prescription participe au droit naturel, elle peut donc être invoquée par des étrangers en France. Pothier (n° 20) enseignait le contraire en se fondant sur ce que la prescription est une institution du droit civil. Aujourd'hui, tous les auteurs admettent la prescription au profit des étrangers, même les auteurs qui leur font la position la plus restreinte, en ne leur accordant que les droits qui leur sont conférés, directement ou indirectement, par un texte de loi. D'ailleurs, aucun doute ne peut se présenter sur ce point en présence de l'art. 3 du Code Napoléon, et surtout en présence de la loi de 1819. L'art. 3 précité suppose que des immeubles peuvent appartenir à des étrangers, et, par suite, que tous les modes d'acquisition de la propriété peuvent se réaliser à leur profit. La loi de 1819 permet aux étrangers de recueillir et transmettre, en France, non seulement par succession, mais même par donation et par testament. La donation et le testament sont bien autrement du droit civil que la prescription. Si l'étranger peut acquérir par

donation et par testament, *a fortiori*, doit-il pouvoir acquérir par prescription?

PREMIERE PARTIE.

DES RÈGLES COMMUNES A TOUTE PRESCRIPTION.

CHAPITRE PREMIER.

DE LA RENONCIATION A LA PRESCRIPTION.

14. La prescription, nous le savons, est d'ordre public; aussi le Code n'a-t-il pu permettre de renoncer d'avance à opposer ce moyen. L'art. 2220 nous dit qu'on ne peut d'avance renoncer à la prescription. Si la loi eût autorisé une pareille renonciation, elle serait devenue de style, et la prescription n'eût plus été qu'une institution illusoire.

15. Toutefois, on comprend que cette prohibition de la loi s'applique bien plutôt à la prescription libératoire qu'à la prescription acquisitive. En effet, je ne vois pas aisément comment on peut renoncer d'avance à une prescription acquisitive, et ne pas se constituer par là même détenteur précaire. Cela paraissait si évident aux rédacteurs de notre Code, que M. Bigot-Préameneu, dans son Exposé de motifs sur la prescription, disait : « S'il a été convenu entre deux voisins que l'un posséderait le fonds de l'autre sans pouvoir le prescrire, ce n'est point de la part de celui au profit duquel est la stipulation, une renonciation à la prescription ; c'est une reconnaissance qu'il ne possédera point à titre de propriétaire, et nul autre que celui qui possède à ce titre ne peut prescrire. »

16. Ainsi, renoncer à la faculté d'opposer la prescription, ce n'est pas seulement reconnaître actuellement le droit du propriétaire, c'est lui dire qu'il peut sans danger vous laisser la détention de son bien, que vous n'avez aucune intention de vous l'approprier, et que, par conséquent, vous le posséderez pour lui : l'enchaînement de ces idées est palpable. Or, comme c'est sur ce langage du

tiers que la chose lui est laissée, tous les éléments de la précarité se rencontrent.

17. Ainsi, en général, la renonciation anticipée à la prescription aura pour effet de constituer celui qui la fait détenteur à titre précaire. Aussi, les cas de renonciation anticipée à la prescription acquisitive seront-ils très-rares. On peut cependant trouver quelques hypothèses où cette renonciation se présente, par exemple, l'hypothèse suivante qui sera une application de l'art. 2220.

18. Le propriétaire d'un immeuble s'aperçoit que son voisin a ouvert dans l'un de ses murs une fenêtre, à la distance prohibée ; il ne la fait pas boucher, mais exige un acte par lequel le voisin renonce à se prévaloir de l'état de choses nouveau. Ce n'est pas encore une renonciation prohibée, car le voisin s'est constitué détenteur précaire, et l'art. 2236 fait obstacle à la prescription. Mais supposons que le signataire de l'acte de renonciation intervertisse son titre en contestant le droit du propriétaire ; alors il reconquiert *l'animus domini* ; la cause de sa possession est changée, et sa renonciation ne produit aucun effet par application de l'art. 2220.

19. La seule renonciation, prohibée par la loi, est la renonciation anticipée. On peut donc renoncer au temps qui a déjà couru, quoiqu'on n'ait pas acquis la prescription. Je possède depuis vingt et-un-ans avec toutes les conditions requises pour prescrire par trente ans ; je puis abandonner le temps qui a couru et recommencer à prescrire.

20. A plus forte raison peut-on renoncer à la prescription acquise. C'est ce que décide formellement la seconde partie de l'art. 2220. Nous arrivons ici à un point assez délicat. J'ai possédé un immeuble trente ans ; quelle est ma position vis-à-vis de cet immeuble ? Il est certain que je n'en suis pas propriétaire incommutable ; je n'en suis propriétaire que sous condition suspensive. Pour que mon droit soit incontestable, il me reste une dernière condition à remplir : invoquer la prescription ; autrement je serai censé n'avoir jamais été propriétaire. Mon silence, en face de la justice, est une présomption qui vient détruire celle attachée à ma longue possession.

21. Cette théorie est pleine d'équité ; c'est une disposition sage et morale. En effet, s'il est des cas où l'on peut invoquer en cons-

cience la prescription, il en est d'autres où la conscience se refuse
à invoquer ce moyen. Un honnête homme, certain qu'il n'est pas
propriétaire de l'immeuble revendiqué contre lui, ne voudrait pas
se prévaloir des avantages d'une prescription injuste qui blesse les
légitimes susceptibilités de sa conscience. La loi a bien fait de laisser à celui qui a prescrit la solution de cette question de délicatesse.

22. De ce que nous venons de dire, découlent deux conséquences
manifestes : 1° celui qui n'oppose pas en justice la prescription
acquisitive ne fait pas une aliénation de la chose, mais seulement
une restitution du bien d'autrui; il n'a jamais été propriétaire;
aucun droit de mutation n'est dû; 2° celui qui renonce à opposer
la prescription ne fait pas non plus une donation; et, par suite, il
ne faut appliquer à cette renonciation aucune des règles restrictives
ou prohibitives des donations.

23. Nous nous plaçons maintenant à un autre point de vue. Le
possesseur, nous le supposons, a invoqué la prescription en justice:
il est devenu aussitôt propriétaire de la chose, rétroactivement, à
partir du premier moment de sa possession. Mais, après le jugement qui a constaté son droit, il fait abandon de la chose et renonce
à la prescription. Y a-t-il de sa part un acte de restitution ou une
donation?

24. Deux opinions se trouvent ici en présence. Dans la première, on soutient que cette renonciation tardive n'est autre chose
qu'une donation. En effet, dit-on, la prescription étant consommée
par l'emploi public et solennel que le possesseur a fait en justice
du moyen que la loi mettait à sa disposition, celui-ci est devenu
rétroactivement propriétaire irrévocable de la chose, et l'abandon
qu'il en fait postérieurement ne peut reposer que sur une idée de
libéralité.

25. Dans la seconde opinion, on ne voit dans la renonciation
tardive du possesseur qu'une reconnaissance du droit ancien du
propriétaire et, par conséquent, une restitution du bien d'autrui.
On raisonne ainsi: Lorsqu'il s'agit d'une prescription libératoire, à
laquelle on renonce dans les mêmes termes, c'est à dire après avoir
opposé victorieusement en justice la prescription, la plupart des
auteurs modernes, suivant la doctrine de Pothier, admettent que la
renonciation constitue un véritable payement, parce que la pres-

cription n'éteint pas la dette naturelle, et que l'exécution volontaire d'une obligation naturelle est mise au nombre des payements
proprement dits par l'art. 1235. S'il en est ainsi pour la prescription libératoire, pourquoi n'étendrait-on pas cette théorie à la
prescription acquisitive?

Je crois que cette dernière opinion a pour elle la saine entente
des principes et le précieux avantage de permettre à la conscience
de revenir sur ses erreurs.

26. Si la renonciation, dont nous venons de parler, n'a pas le
caractère d'une libéralité, il est superflu d'ajouter qu'elle n'est soumise ni pour le fond, ni pour la forme, aux règles des donations.
Toutefois, notons en passant que toute personne intéressée pourrait prouver qu'en fait cette renonciation n'est qu'une libéralité
déguisée sous l'apparence d'une restitution.

27. Nous devons nous demander maintenant de quelle manière
peut se manifester la renonciation à une prescription acquise.
L'art. 2221 nous dit qu'elle se manifestera, soit expressément,
soit tacitement.

28. La renonciation expresse se comprend d'elle-même, c'est
celle qui est formellement consentie dans un acte, soit authentique,
soit sous seing-privé ; elle peut même être faite verbalement, et,
dans ce dernier cas, elle pourra être prouvée par témoins, si le droit
sujet à la prescription ne dépasse pas 150 francs, et même, quand
il dépasse ce chiffre, s'il existe un commencement de preuve par
écrit (art. 1341, 1347).

29. La renonciation tacite présente plus de difficulté. Les questions
qu'elle pouvait soulever, avaient été, par l'ancienne jurisprudence,
laissées dans le domaine du juge. Notre Code eût essayé vainement
de les en tirer. Il est impossible de prévoir tous les cas; on ne pouvait que tracer le caractère général de cette renonciation. La renonciation tacite, nous dit l'art. 2221, résulte d'un fait qui suppose
l'abandon d'un droit acquis. Nous pouvons donc formuler cette règle:
la renonciation est tacite, toutes les fois que la conduite de celui
qui a prescrit est telle, qu'elle montre suffisamment qu'il n'entend
pas se prévaloir de la prescription.

30. La demande de termes et délais, la constitution d'un gage,
d'une hypothèque, sont des cas de renonciation tacite à la prescrip-

tion, comme exemple de renonciation à la prescription acquisitive, nous pouvons citer le cas où le possesseur achète du propriétaire une servitude sur l'immeuble possédé, ou bien le prend à bail, ou encore figure comme témoin dans un acte par lequel le propriétaire le vend ou le donne à un tiers.

51. La renonciation à la prescription doit être libre. Elle est annulable, si elle a été la suite d'une violence ou d'un dol (art. 1109).

Mais que décider, si elle a été la suite de l'erreur? Pour l'erreur de fait, pas de difficulté, tout le monde convient que la renonciation à la prescription par erreur de fait est rescindable. Mais s'agit-il de l'erreur de droit, une controverse s'élève, et certaines personnes soutiennent que, dans ce cas, il n'y a pas de rescision possible, parce que nul n'est censé ignorer la loi. Mais nous n'admettons pas cette manière de voir. L'adage qui lui sert de fondement n'a pas toute la portée qu'on veut bien lui reconnaître dans cette opinion. Sans doute, en matière criminelle, personne ne peut excuser un délit ou un crime en prétextant son ignorance des lois pénales; mais, en matière civile, il n'était pas nécessaire de pousser cette fiction jusqu'aux dernières conséquences. D'ailleurs cette maxime n'est consacrée nulle part dans le Code. Nous croyons donc que la renonciation à la prescription, même par suite d'une erreur de droit, serait annulable. Néanmoins, si la renonciation était faite en justice, elle serait pleinement valable, nonobstant l'erreur de droit; car ici nous avons une disposition explicite, l'article 1356, qui dit, dans son dernier alinéa, que l'aveu judiciaire ne saurait être révoqué sous prétexte d'une erreur de droit.

52. Nous avons déjà remarqué que la renonciation à la prescription n'implique jamais rétrocession de la propriété. Cependant la loi semble elle-même se contredire en exigeant chez le possesseur qui renonce la faculté d'aliéner. L'art. 2222 décide, en effet, que celui qui ne peut aliéner ne peut renoncer à la prescription acquise. Mais la contradiction n'est qu'apparente, et la difficulté s'évanouit, si l'on songe que l'incapable se trouve en quelque sorte saisi du droit réel, par l'accomplissement des conditions légales. Pour abdiquer cette espèce de saisine, il a besoin, comme en matière de succession, d'être dûment habilité; mais, dans l'un comme dans l'autre cas, il n'est censé transférer le droit qu'il répudie.

33. On peut ajouter que la prescription est souvent le seul moyen de prouver une juste cause d'acquisition, de défendre sa propriété contre la ruse et la mauvaise foi. Comment l'incapable saurait-il distinguer si la prescription est juste ou injuste? Pour tout dire en un mot, la loi a vu dans la renonciation à la prescription un acte aussi grave que l'aliénation.

34. On peut se demander quelle est la capacité qu'exige la loi dans l'art. 2222. Est-ce la capacité d'aliéner à titre onéreux, ou bien la capacité d'aliéner à titre gratuit? Il nous semble que, puisqu'en principe celui qui peut aliéner à titre onéreux peut aliéner, la loi, en se servant du mot aliéner sans y rien ajouter, s'est contentée de la capacité d'aliéner à titre onéreux.

35. On ne doute pas que la femme, du moment qu'elle est autorisée par son mari, puisse renoncer à la prescription acquisitive. Mais quand on arrive au mineur et à l'interdit, on est divisé sur le point de savoir si leur tuteur peut, en observant les formalités nécessaires pour aliéner, renoncer à la même prescription.

36. Une première opinion lui refuse cette capacité, en se fondant sur ce que la loi, dans l'art. 457, ne permet l'aliénation des immeubles du mineur que pour cause d'une *nécessité absolue* ou d'un *avantage évident*. Or, dit-on, aucun de ces motifs n'existe dans une renonciation à prescription. D'ailleurs, ajoute-t-on, il y a là une question de délicatesse que la personne intéressée est seule à même de résoudre.

37. On peut répondre avec raison que, si la renonciation à une prescription ne présente pas un intérêt matériel, elle peut présenter un grand avantage moral, dont le mépris causerait au mineur un tort plus considérable que celui qui résulterait de l'abandon d'un bien qui ne lui appartient pas. Quant à l'objection tirée de ce que la renonciation est une affaire de conscience, on peut facilement dissiper les craintes qui l'ont inspirée, en faisant remarquer que, grâce aux formalités protectrices requises par la loi, le tuteur ne renoncera que lorsque l'illégitimité du droit de son pupille sera certaine et bien constatée.

CHAPITRE II.

DE L'ALLÉGATION DE LA PRESCRIPTION.

38. En général, les juges doivent suppléer d'office les moyens que n'invoque pas le défendeur. Il en est autrement en matière de prescription. Les juges, nous dit l'art. 2223, ne peuvent suppléer d'office le moyen résultant de la prescription. La loi n'a pas voulu permettre aux juges de s'introduire dans le sanctuaire des consciences et d'apprécier, en arbitres absolus, des choses qui, par leur nature, ne comportent pas leur intervention.

39. La prescription n'investit pas de plein droit le possesseur de la propriété de la chose, elle le met en voie de l'acquérir. C'est une offre que lui fait la loi, et il faut que sa volonté s'harmonise avec cette offre. Si donc, par scrupule de conscience, le défendeur à la revendication répugne à opposer la prescription, il n'entre pas dans les pouvoirs du juge de la suppléer d'office. D'ailleurs les juges, en suppléant d'office la prescription, l'appliqueraient fréquemment dans des cas où elle ne doit pas être appliquée; car ils peuvent ignorer l'existence d'actes extrajudiciaires, qui ont eu pour effet précisément d'interrompre la prescription.

40. La prohibition de l'art. 2225 est générale. Le juge ne pourrait suppléer d'office la prescription, même dans l'intérêt d'un incapable ou d'un absent. Mais le ministère public, chargé de veiller aux intérêts des incapables et des absents, peut, dans les conclusions qu'il donne sur les affaires qui lui sont communiquées (art. 83 C. pr.), faire valoir le moyen tiré de la prescription, que les incapables ou leurs représentants négligent d'invoquer. S'il ne le faisait pas, le jugement serait rescindable par la voie de la requête civile.

41. En matière criminelle, la règle est différente, les juges non seulement peuvent, mais doivent suppléer d'office le moyen tiré de la prescription. C'est qu'il est d'ordre public qu'un délit, dont les traces sont peut-être effacées, ne soit pas rappelé au souvenir de la

société. Ce que nous venons de dire s'applique aussi bien à la prescription de l'action civile résultant du délit qu'à celle de l'action
publique. La loi a si bien senti le danger qu'il y aurait à constater
civilement l'existence d'un crime dont la société ne pourrait plus
demander compte, qu'elle a fait marcher de front la prescription
de l'une et de l'autre action (art. 657, 658, 640 C. inst. crim.).

42. L'allégation de la prescription n'est pas seulement une exception, mais une véritable défense au fond. On peut donc opposer
ce moyen en tout état de cause, même en appel (art. 2224). Le silence, gardé pendant une partie du procès, peut avoir été déterminé
par l'opinion, que les autres moyens suffiraient pour repousser
l'action.

43. Mais à partir de quel moment la prescription cesse-t-elle
d'être opposable? Il faut distinguer. S'agit-il d'une affaire qui se
juge sur plaidoiries, la prescription ne peut plus être invoquée quand
le tribunal, par l'organe du président, a déclaré que l'affaire est
entendue; parce que, dès ce moment, la discussion est close. S'agit-il,
au contraire, d'une affaire qui s'instruit par écrit, la prescription n'est
plus opposable dès le moment où l'affaire est en état, c'est à dire,
d'après l'art. 343 C. pr., quand l'instruction est complète, ou que
les délais pour les productions et réponses sont terminés.

44. Si l'on n'a pas invoqué la prescription en première instance,
et qu'on ait succombé dans le procès, on peut interjeter appel du
jugement et présenter comme moyen de défense la prescription
qu'on a négligé de faire valoir jusque-là. Mais on ne peut se pour-
voir en cassation ou en requête civile contre un jugement ou un
arrêt, sous prétexte que la prescription n'a pas été invoquée en première instance ou en appel. Toutefois, s'il existait quelque autre
cause de requête civile ou de cassation, et que le jugement vînt à
être rétracté ou cassé, la prescription pourrait être invoquée devant
le tribunal appelé à juger de nouveau l'affaire (art. 2224).

45. Le possesseur peut bien renoncer à la prescription ; mais ce
serait une erreur de croire que cette faculté lui soit personnelle,
et que la prescription n'ait d'effet qu'autant qu'elle est opposée par
celui qui a prescrit. Le législateur a posé en principe, dans l'art.
2225, que les créanciers, ou toute autre personne ayant intérêt à

ce que la prescription soit acquise, peuvent l'opposer, encore que
le propriétaire y renonce.

46. L'application de cette disposition pourrait montrer un
homme consciencieux réduit, malgré lui, au pénible rôle de voir
distribuer de son chef à ses créanciers un bien qui appartiendrait
à autrui. On ne peut cependant la critiquer avec fondement. Les
rédacteurs du Code Napoléon adoptèrent pour base de leurs tra-
vaux, non point cette philosophie de rigoureuse morale qui inspire
les écrits des jurisconsultes romains, mais des règles moins strictes
et moins austères. En s'attachant à la théorie morale, autant que le
bien général le comporte, ils ne craignirent pas de s'en écarter
pour accorder à la vérité de fait et pratique la prépondérance qui,
au premier aspect, ne semble due qu'à la vérité morale. L'expé-
rience de tous les jours prouve que le plus souvent le sentiment
d'équité n'est pas le seul mobile des plaideurs qui renoncent à la
prescription acquise. La présomption que ces renonciations sont
dictées par un sentiment d'équité, prévaudra dans les circonstances ordinaires ; elle cessera lorsque, par le fait, la renonciation à
la prescription portera préjudice aux créanciers.

47. Ainsi envisagée, la disposition de l'art. 2225 mérite d'être
approuvée. Il faut dire cependant que son application a donné lieu
à des difficultés nombreuses. Écartons d'abord ce qui ne peut faire
doute. Ainsi, ceux qui ont acquis un droit réel sur l'immeuble
possédé, peuvent invoquer de leur chef la prescription. L'art. 2225
n'est pas fait pour eux, puisqu'ils ont un droit propre. En effet,
supposons que le possesseur d'un immeuble ait concédé sur cet immeuble un droit d'usufruit, et qu'il renonce ensuite à la prescription acquise ; l'usufruitier pourra opposer la prescription de son
chef, puisqu'en vertu de l'art. 2235, il peut joindre à sa possession
celle de son auteur.

48. Mais l'art. 2235, s'applique et crée vraiment un droit particulier basé sur l'intérêt dans l'hypothèse suivante. Primus possède
le fonds de Secundus ; il est en voie de le prescrire par trente ans.
La vingtième année de sa possession, Primus vend à Tertius une
servitude discontinue ou non apparente, ou lui constitue un droit
d'hypothèque sur ce fonds. Au bout de trente ans, Primus renonce
à la prescription. Tertius pourra l'opposer, non de son chef, mais

du chef de Primus, en vertu de l'art. 2225. Tertius a besoin de cet article, parce qu'un droit d'hypothèque, une servitude discontinue ou non apparente ne s'acquièrent point par prescription. Aucune prescription n'ayant pu se réaliser au profit de Tertius, il est obligé d'invoquer celle qui s'est réalisée au profit de son auteur.

49. Ainsi, relativement à la prescription acquisitive, nous voyons que les mots « *toute personne ayant intérêt,* » de l'art. 2225, s'appliquent à tous ceux qui ont acquis du prescrivant un droit réel non susceptible de prescription. Dans tous les cas, où le droit réel concédé par le prescrivant, est susceptible de prescription, l'art. 2225 est complètement inutile, puisque le cessionnaire de ce droit peut le prescrire de son chef, et que, de droit commun, il peut invoquer la prescription, nonobstant la renonciation de son cédant.

50. On peut se demander comment s'explique le droit qu'a Tertius, dans l'hypothèse ci-dessus, d'opposer la prescription du chef de Primus. Il me semble que cette explication est facile. C'est que Primus, en concédant à Tertius des droits sur la chose qu'il possédait, lui a cédé par là même la faculté d'opposer la prescription, ou, si l'on veut, de réaliser la condition à laquelle était subordonnée la concession même de ces droits.

51. L'interprétation de l'art. 2225, en ce qui concerne les créanciers, a soulevé de vives controverses. Voyons ce que signifie cet article au premier aperçu. Les créanciers, dit la loi, peuvent opposer la prescription, encore que le propriétaire y renonce. La première pensée qui vient à l'esprit en lisant cette disposition, n'est-elle point que la prescription n'est pas, comme on aurait pu le supposer, un droit exclusivement attaché à la personne, et que les créanciers, en vertu de l'art. 1166, pourront l'invoquer du chef de leur débiteur?

52. Voilà, il me semble, l'interprétation la plus simple et la plus naturelle de cet article. C'est aussi celle qui en a été donnée par M. Bigot-Préameneu lui-même. « Ce serait, dit-il, une erreur de croire que la prescription n'a d'effet qu'autant qu'elle est opposée par celui qui a prescrit et que c'est au profit de ce dernier une faculté personnelle. La prescription établit la libération ou la propriété; or, les créanciers peuvent, ainsi qu'on l'a déclaré au titre

6

des obligations, exercer les actions et les droits de leur débiteur, à l'exclusion de ceux qui sont exclusivement attachés à sa personne : la conséquence est que les créanciers peuvent opposer la prescription, encore que le débiteur ou le propriétaire y renonce. »

53. Malgré la grande vraisemblance que ces paroles de l'orateur du gouvernement donnent à cette première interprétation, les auteurs ont proposé plusieurs systèmes, que nous indiquerons successivement, en formulant les principes sur lesquels est basé le droit des créanciers.

54. Deux grands principes sont posés par les articles 1166 et 1167 du Code Napoléon. La loi permet aux créanciers d'exercer les droits de leur débiteur. Dans l'art. 1166, la loi suppose que le droit appartient encore au débiteur ; le créancier vient faire ce que le débiteur pourrait faire lui-même, s'il le voulait. Le créancier agira facilement alors ; il n'aura qu'à prouver : 1° sa qualité de créancier ; 2° que le droit qu'il veut exercer appartient bien à son débiteur.

55. Dans l'art. 1167 la loi suppose que le droit n'appartient plus au débiteur qui s'en est dépouillé. Le créancier vient *jure proprio* faire annuler l'acte de son débiteur, exercer un droit qui ne lui appartient plus. Mais le créancier a alors à prouver que, dans l'acte par lequel son débiteur s'est dépouillé, il y a eu une fraude à son préjudice.

56. Cette théorie peut-elle s'appliquer en matière de prescription ? Oui, sans doute ; le créancier a intérêt que son débiteur insolvable oppose la prescription acquisitive à laquelle il a droit : ce sera peut-être un moyen d'obtenir payement.

57. Supposons que le débiteur n'ait pas encore renoncé à la prescription acquise. Le droit de l'opposer lui appartient encore ; ses créanciers pourront venir l'exercer de son chef. Le seul motif d'en douter aurait été que la prescription est une affaire de conscience, et qu'ainsi le droit de l'invoquer est exclusivement attaché à la personne du débiteur. Eh ! bien, comme nous l'avons déjà dit, l'art. 2225 est venu trancher le doute qui aurait pu s'élever sur ce point : c'est ce qui a été dit formellement dans la discussion de cet article.

58. Arrivons au cas où le débiteur a renoncé à la prescription. L'art. 1166 se trouve hors de cause ; l'art. 1167 doit trouver son

application. L'acte de renonciation est consommé par le débiteur ; il ne peut plus opposer la prescription. Les créanciers peuvent-ils faire annuler cette renonciation qui leur cause préjudice ?

59. Tout le monde sait que, d'après l'art. 1167, il ne suffit pas au créancier de prouver le préjudice ; il doit, en outre, prouver que l'acte, par lequel le débiteur s'est dépouillé, a été fait frauduleusement. Puis on distingue entre les actes à titre onéreux et les actes à titre gratuit. En ce qui concerne les premiers, il faut, pour que l'annulation soit possible, que la fraude existe non seulement chez le débiteur, mais encore chez la personne au profit de laquelle l'acte a été consenti. Lorsqu'il s'agit d'actes à titre gratuit, on est moins rigoureux ; l'annulation est possible, lorsque la fraude existe chez le débiteur, lorsqu'il a fait la donation en parfaite connaissance de son insolvabilité, peu importe que le donataire ait connu ou non l'état des affaires du donateur. Ajoutons enfin que certains auteurs distinguent encore entre les actes à titre gratuit et les simples renonciations à des droits, et pensent que, pour ces dernières, le simple préjudice suffit pour donner ouverture à l'action révocatoire des créanciers.

60. Ces idées, une fois exposées, comment appliquer l'art. 1167, en matière de renonciation à prescription ?

61. Des personnes soutiennent qu'il ne recevra jamais son application en pareille matière. Celui, dit-on, qui fait cette renonciation, ne se dépouille d'aucun droit, puisqu'il ne serait devenu propriétaire qu'en opposant la prescription. Ces personnes prétendent que l'art. 2225 ne se réfère qu'à l'art. 1166 et non pas à l'art. 1167, et, pour le prouver, elles invoquent les derniers mots de l'art. 2225. Vous voyez, disent-elles, la loi emploie les expressions « y renonce » et non pas « y a renoncé, » signe manifeste qu'il s'agit de quelqu'un qui est en voie de prescrire, mais qui ne veut pas se prévaloir de la prescription dans l'instance où le procès s'agite (1).

62. Nous repoussons ce système, parce que le débiteur qui renonce à la prescription se dépouille d'un droit qui lui appartient

(1) Voyez, dans ce sens, M. Vazeille (1-352), et M. Dalloz (Presc. p. 243).

hic et nunc, le droit de réaliser la condition de sa propriété. L'argument de texte qu'on invoque est un peu subtil ; il est facile, selon
nous, de le réfuter. Les mots « *y renonce* » de l'art. 2225 s'appliquent aussi bien à une renonciation définitive qu'à une renonciation non consommée. Est-ce que l'art. 788 C. N. n'emploie
pas la même expression au présent pour signifier une renonciation
consommée, comme le prouvent les termes mêmes de son second
alinéa, où il est dit « *la renonciation n'est annulée ?* » C'est donc
qu'il s'agit d'une renonciation définitive. Ainsi l'art. 1167 est applicable à la renonciation à prescription prévue par l'art. 2225,
même dans l'hypothèse de cet article.

63. La lecture de l'art. 2225 offre une difficulté sérieuse. Pour
faire tomber la renonciation à prescription, la loi semble se con-
tenter du simple préjudice. De là la question de savoir si cet article
déroge à l'art. 1167, au point de vue de la fraude. Observons d'a-
bord que, dans l'opinion de ceux qui distinguent entre les actes ordinaires et les simples renonciations et qui, pour ces dernières, soutiennent que la fraude n'est pas nécessaire pour donner ouverture
à l'action révocatoire, il n'y a pas de difficulté ; l'art. 2225 se contente du simple préjudice ; il ne ferait qu'appliquer le droit commun.
Mais, dans le système qui n'admet que deux catégories d'actes, les
actes à titre onéreux et les actes à titre gratuit, si nous appliquons
le droit commun, nous devrions dire que, la renonciation à prescription étant un acte à titre onéreux et non un acte à titre gratuit,
les créanciers ne pourront la faire annuler qu'en prouvant la fraude
et chez le renonçant et chez celui qui profite de la renonciation. Tel
serait le droit commun.

64. Il y a des auteurs qui, tout en refusant de faire une catégorie à part pour les renonciations, admettent une exception en matière de prescription et font tomber les renonciations à prescription sans condition de fraude. Dans ce système, l'art. 2225
serait une dérogation au droit commun. Les auteurs qui le soutiennent présentent à l'appui trois arguments.

65. Le premier se tire des expressions de l'article ; les mots
« *ayant intérêt* » prouvent que la loi ne s'inquiète nullement du motif, quel qu'il soit, qui a dicté la renonciation. Cette raison n'est pas
bien solide ; sans doute l'intérêt est nécessaire, mais la loi ne dit pas

qu'il soit suffisant pour faire tomber la renonciation. On fait dire à l'article ce qu'il ne dit pas.

66. On présente, comme second argument, cette idée. Quand il s'agit, dit-on, de toute personne ayant intérêt autre que les créanciers, comme celle qui a un droit d'hypothèque, de servitude discontinue ou non apparente, subordonnée à la prescription de la chose principale, tout le monde est d'accord pour dire qu'elle pourra faire tomber la renonciation par cela seul qu'elle a intérêt et dans la limite même de cet intérêt. La loi assimile les créanciers à toute personne ayant intérêt; donc l'intérêt doit suffire aux créanciers pour exercer l'action révocatoire.

67. Cet argument ne nous semble pas péremptoire. Tout ce qu'on peut conclure de l'art. 2225, c'est que le droit d'invoquer l'art. 1167 appartient aussi bien aux créanciers du renonçant qu'aux autres personnes ayant intérêt ; mais la loi n'a pas dit qu'il leur appartient aux mêmes conditions.

68. Enfin on invoque, pour dernier argument, cet autre idée, que, la renonciation à la prescription étant une affaire de conscience, quand un débiteur renonce à la prescription, on ne peut pas dire qu'il fasse un acte de malhonnête homme, se rende coupable d'une fraude. Par conséquent, les créanciers ne pouvant jamais prouver la fraude en cette circonstance, ne pourraient jamais faire tomber une renonciation à prescription.

69. Il y a, dans ce raisonnement, une erreur manifeste. La fraude, dont parle l'art. 1167, consiste uniquement dans la connaissance que le débiteur peut avoir de son insolvabilité. Ainsi le système qui se contente du simple préjudice n'a aucun intérêt dans les circonstances où la fraude est facile à prouver. L'intérêt ne se conçoit que dans le cas où le renonçant et celui qui profite de la renonciation sont tous deux de bonne foi.

70. Pour faire voir combien ce système est inadmissible, constatons un de ses résultats qui paraît bien bizarre et qu'en vain il voudrait expliquer. En effet, supposons l'absence de fraude ; la renonciation se présente dans des circonstances telles, que la loi maintiendrait une donation, si elle eût été faite. Le système, que nous combattons, annulerait la renonciation. On en donne pour raison qu'un débiteur insolvable n'a pas grand désir de faire des donations

tandis qu'il pourrait se laisser entraîner à faire des renonciations : *quod facilius fieri potest lex arctius prohibet.*

71. Ce motif n'a pas grande valeur : c'est le renversement de toutes les idées de la loi. De ce que la renonciation à la prescription est une affaire de conscience, on doit être disposé à la traiter avec faveur et non avec rigueur. Aussi l'art. 2221 admet-il la renonciation tacite, et l'art. 2223 défend-il de suppléer d'office la prescription, preuve certaine que le législateur encourage les renonciations à prescription. On raisonne donc au rebours des idées de la loi.

72. Des personnes, exagérant cette doctrine, ont soutenu que les créanciers peuvent faire tomber la renonciation à la prescription, sans même prouver le préjudice ; cette preuve serait difficile, incommode à administrer; la loi n'exige que l'intérêt : or, les créanciers ont intérêt même à être dispensés de cette preuve. D'après ce que nous avons dit par rapport au système précédent, il est évident que nous repoussons celui-ci par *a fortiori* (1).

73. Pour nous résumer, nous dirons que l'art. 2225 n'est qu'une application du droit commun un peu vaguement exprimée. La renonciation à la prescription acquise ne peut être annulée qu'à la condition de prouver la fraude et chez le débiteur et aussi chez celui au profit duquel la renonciation a été consentie (2).

CHAPITRE III.

QUELLES CHOSES SONT SUSCEPTIBLES DE PRESCRIPTION.

74. On peut poser en règle générale, par *a contrario* de l'article 2226, que toutes les choses qui sont dans le commerce sont prescriptibles. Il existe, toutefois, quelques exceptions à cette règle. Il y a certaines choses qui, quoique étant dans le commerce et par

(1) Ces deux systèmes sont exposés dans les répétitions de M. Mourlon (tome 3, p. 395).

(2) Voir en ce sens M. Troplong (n. 1012), M. Duranton, 21, 180.

suite aliénables, sont cependant, imprescriptibles. Ainsi, les biens des mineurs et des interdits sont imprescriptibles tant que dure la minorité ou l'interdiction, quoique pendant tout ce temps ils soient dans le commerce et parfaitement aliénables. De même, les servitudes qui ne sont point en même temps continues et apparentes ne peuvent pas non plus s'acquérir par prescription (art. 691), quoiqu'elles ne soient nullement inaliénables et hors du commerce.

75. Mais quelles choses sont hors du commerce et imprescriptibles ? On peut placer au premier rang la liberté de l'homme et les diverses facultés qui en constituent l'exercice. Ainsi je suis libre de planter ou de bâtir sur mon terrain; si je laisse mon terrain nu pendant trente années et plus, mon voisin n'aura pas acquis le droit de s'opposer aux plantations et constructions que j'y voudrais faire plus tard. Je puis donc laisser sommeiller ma faculté autant qu'il me plaira, sans craindre de la voir éteinte par la prescription : les droits seuls peuvent s'éteindre par le non-usage ou par l'exercice qu'un autre en fait à la place de celui à qui ils appartiennent; les facultés sont imprescriptibles. Nous aurons occasion, dans le cours de notre thèse, de revenir sur ces idées avec un peu plus de développements.

L'art. 2226 a eu surtout en vue les biens du domaine public. Ces biens sont hors du commerce, et, par suite, imprescriptibles. Les art. 538, 539, 540, nous donnent l'énumération des choses qui composent le domaine public de l'Etat.

76. Il ne faut pas croire que toutes les choses appartenant à l'Etat soient imprescriptibles. Ce sont seulement celles qui composent son domaine public, c'est à dire qui sont affectées à un usage public, comme les fleuves, les rivières navigables, les voies publiques, les rades, les ports, les forteresses, les fortifications des places de guerre, etc., etc.

77. Il est des biens dont l'Etat est propriétaire comme un simple particulier, et qui constituent son domaine privé. Ceux-ci, à la différence des biens du domaine public, sont aliénables et prescriptibles en vertu de l'art. 2227.

L'autorité seule détermine ce qui est du domaine public ou privé de l'Etat. Ainsi le non-usage ne suffit pas pour faire sortir un bien du domaine public, il faut qu'une décision de l'autorité soit intervenue à cet égard.

78. Les départements et les communes ont aussi un domaine public et un domaine privé. Il faut appliquer les règles que nous venons d'indiquer aux biens qui composent l'un ou l'autre domaine. Les biens du domaine public départemental ou communal sont inaliénables et imprescriptibles; les biens privés des communes et des départements sont inaliénables et prescriptibles (art. 2227).

79. L'art. 2227, en décidant que les biens du domaine privé de l'État sont susceptibles de prescription, a fait une innovation fort importante en cette matière. En effet, dans notre ancien droit, le domaine de la couronne était à l'abri de toute prescription. On s'était basé sur les lois romaines : *res fisci nostri usucapi non possunt*. Les auteurs du droit coutumier disaient : « *Qui a mangé l'oie du roi, cent ans après en rend la plume.* » C'était surtout sur l'ordonnance de Moulins, rendue en 1566, qu'on s'appuyait pour fonder l'inaliénabilité et l'imprescriptibilité du domaine de l'État. Cette législation fut abrogée par la loi du 22 novembre 1790, qui dispose qu'à l'avenir les biens de l'État pourront être aliénés en vertu d'une loi, et qu'ils seront prescriptibles par quarante ans. Enfin, le Code, allant plus loin, mit les biens de l'État sur la même ligne que les biens des particuliers et les soumit à la même prescription.

80. Quant aux communes et aux établissements publics , leurs biens étaient aliénables : mais ils ne se prescrivaient, en général, que par quarante ans. Quelques congrégations religieuses n'étaient soumises qu'à la prescription centenaire.

Aujourd'hui, d'après l'art. 2227 du Code Napoléon, il existe une prescription uniforme pour tous les biens privés, quels qu'ils soient, qu'ils appartiennent à l'État, à des communes, à des établissements publics ou à des particuliers. La prescription la plus longue ne sera jamais que celle de trente ans.

DEUXIEME PARTIE.

DES CONDITIONS REQUISES POUR LA PRESCRIPTION ACQUISITIVE.

81. La prescription acquisitive peut se définir : l'acquisition de la propriété par une possession continuée pendant un certain temps. Ainsi les deux conditions essentielles de toute prescription acquisitive sont la possession et le laps de temps. Ces deux conditions feront l'objet des deux chapitres qui vont suivre.

CHAPITRE I".

DE LA POSSESSION.

82. Il n'y a point de matière qui ait plus exercé les commentateurs et les jurisconsultes que la matière de la possession. A force de subtilités, on en était venu à douter qu'il fût possible même de la définir.

L'étymologie du mot possession se trouve dans le verbe *posse*, indiquant le pouvoir que le possesseur exerce sur la chose.

Les lois romaines ne nous ont laissé aucune définition de la possession. En présence du silence des lois romaines, et pour couper court aux nombreuses difficultés qui s'étaient élevées dans l'ancienne jurisprudence sur la manière de définir la possession, les rédacteurs du Code la définirent eux-mêmes dans l'art. 2228.

83. Aux termes de cet article, la possession est « la détention d'une chose ou d'un droit que nous exerçons par nous-mêmes, ou par un autre qui la tient ou qui l'exerce en notre nom. » Cette définition n'est que l'expression vraie des idées de tous les jours, du sens commun ordinaire. La possession, c'est l'acte de se compor-

ter à l'égard d'une chose, comme le fait ordinairement un propriétaire.

84. La possession renferme deux éléments, la détention matérielle de la chose et l'*animus domini*, le fait et l'intention. Nous
n'avons pas à faire ici les distinctions que faisaient les jurisconsultes
romains entre la *possessio civilis*, la *possessio naturalis*, la *nuda
detentio*. Au point de vue de notre Code, une seule possession produit des effets juridiques, c'est celle qui réunit les conditions exigées, peu importe sa qualification, en présence d'une simple détention qu'on ne peut décorer du titre de possession. Cette manière
d'envisager les choses ôte au langage juridique toute ambiguïté,
prévient toute confusion.

85. Un des avantages de la définition de l'art. 2228, c'est de supprimer la distinction romaine de la possession proprement dite, et
de la quasi-possession. Il est vrai que le législateur met en opposition les choses et les droits; mais cependant il les renferme sous la
dénomination générale de possession.

86. On a reproché à la définition du Code de ne pas exprimer
l'idée de maîtrise. En effet, la possession se compose de deux
éléments, le fait et l'intention, la détention matérielle et l'*animus
domini*. Pas de possession efficace en droit sans la réunion de ces
deux éléments. Eh! bien, dit-on, le Code n'a semblé s'occuper,
dans l'art. 2228, que de l'idée de détention matérielle. Nous,
nous ne croyons pas que le reproche soit fondé. Il suffit, pour s'en
convaincre, de remarquer, à cet égard, que d'après l'art. 2228,
c'est celui au nom duquel la chose est tenue qui possède; c'est
assez dire que pour posséder il faut jouir en notre nom. La définition de Pothier prêtait moins à l'ambiguïté; en portant que la possession est la détention d'une chose corporelle que nous tenons en
notre puissance, ou par nous-mêmes, ou par quelqu'un qui la tient
pour nous et en notre nom (Poss., n° 1).

87. Cela dit, analysons brièvement les deux éléments dont la
possession se compose.

Et d'abord, la détention, c'est l'usage de la chose, la faculté de
s'en servir, d'en disposer en propriétaire. S'agit-il d'une terre la-
bourable, la détention consiste à la cultiver ou à avoir le pouvoir
de le faire; détenir une maison, c'est l'habiter, ou l'avoir à sa dis-

position, ou encore avoir en main les clés qui servent à s'y introduire, ou les titres qui en constatent la propriété. On détient par
soi-même ou par autrui ; l'art. 2228 le dit expressément. On peut
donc être possesseur d'une chose sans la détenir matériellement, et
réciproquement on peut avoir la détention matérielle d'une chose
sans la posséder.

88. Le second élément de la possession, c'est l'idée de maîtrise
sur la chose, l'*animus domini*. Il consiste dans la volonté de tenir
la chose comme sienne. L'*animus domini* existe indépendamment
du juste titre et de la bonne foi. Ces dernières circonstances
peuvent bien faire produire à la possession quelques effets spéciaux,
mais elles ne sauraient être mises au nombre des éléments constitutifs de la possession légale.

89. La possession a des effets fort importants, dont les principaux
sont : 1° de faire acquérir la propriété des choses *nullius*, et même,
si le possesseur est de bonne foi, la propriété des meubles appartenant à autrui ; 2° de faire présumer la propriété jusqu'à preuve
contraire ; 3° de faire gagner au possesseur de bonne foi les fruits
de la chose ; 4° quand elle a duré une année révolue avec les autres
conditions requises, de donner les actions possessoires ; 5° enfin de
conduire à la propriété, soit par trente ans sans autre condition, soit
par dix ou vingt ans avec juste titre et bonne foi.

90. La possession, que la loi protège, est-elle un fait ou un droit ?
Il est certain que toute action suppose nécessairement un droit.
La loi a organisé des actions possessoires, c'est donc qu'il existe un
droit de possession. Sans doute, la possession qui a duré moins
d'une année, est un fait qui ne confère aucun droit, et par conséquent ne donne aucune action. Mais quand la possession a duré
une année *animo domini* avec les autres conditions déterminées
par la loi, elle devient un droit pourvu d'une action (art. 23, C. pr.).
La possession a des effets garantis par la loi. La possession d'une
chose *nullius* en donne la propriété ; la possession de bonne foi
attribue les fruits, fait acquérir les meubles. Il me semble que voilà
des effets juridiques qui font nécessairement de la possession un
droit *sui generis*.

91. On peut même dire que le droit de possession, reflet du droit
de propriété, puisque le possesseur est présumé propriétaire, que

le droit de possession doit être envisagé comme un droit réel, de même que la propriété. Ulpien (fr. 58, § 5, 45, 1), mettait la possession parmi les *jura in re*, sur la même ligne que l'usufruit. Il est certain que le droit de possession existe sans avoir pour corrélatif une obligation pesant sur telle personne déterminée. La conclusion en est facile ; ce n'est donc pas un droit personnel. Aussi il me semble qu'on peut ranger la possession dans la classe des droits réels.

92. La possession ne s'acquiert que par le fait et l'intention, *fact o et animo*. Sans doute on n'admettra pas sous l'empire du Code, soit quant au *factum*, soit quant à l'*animus*, les interminables distinctions du droit romain, dont Pothier s'est fait si souvent l'écho fidèle. Notre législation est essentiellement amie de la simplicité. Ainsi on n'exigera plus aujourd'hui la remise *apud horrea* des clefs du magasin dans lequel se trouvent enfermées les marchandises achetées; on n'admettra pas non plus cette subtilité romaine d'après laquelle, dans l'hypothèse où, achetant une chose je m'en laisse livrer une autre par erreur, je n'aurai la possession d'aucune, parce que, disaient les jurisconsultes, ne détenant pas la première, je ne puis la posséder, et, quoique détenant la seconde, je n'ai pas l'intention de la posséder.

93. La possession, une fois acquise, se conserve *animo solo*, par la seule intention. Ainsi je puis perdre la détention matérielle de la chose sans perdre par là même la possession, pourvu que je conserve l'*animus possidendi*.

Il faut cependant apporter à ce principe un tempérament. Je ne conserve la possession *animo solo* que tout et autant qu'une autre personne n'est pas venue réaliser sur la chose, en la possédant une année au moins, une nouvelle possession qui a pour effet d'interrompre celle qui a précédé.

9{. Remarquons aussi que la possession purement intentionnelle ne présente pas les mêmes avantages que celle qui se manifeste par des actes de jouisssance, parce que, le plus souvent, il arrivera qu'elle ne sera pas continue, et qu'ainsi elle sera impuissante à conduire à la prescription.

9{. La possession se perd par l'abandon volontaire qu'on en fait, soit en la livrant à une personne déterminée, soit en l'abdi.

quant d'une manière absolue, sans la transférer à personne. Nous venons de voir qu'elle se perd aussi par le fait d'un tiers, quand une personne possède la chose pour son compte et en son nom, pendant une année, sans réclamation de la part du précédent possesseur (art. 2243).

SECTION PREMIÈRE.

Des qualités nécessaires à la possession à l'effet de prescrire.

96. La possession à l'effet de prescrire doit réunir certaines conditions, qui sont énumérées dans les art. 2229 à 2234; elle doit être :

Continue ;

Non interrompue ;

Paisible ;

Publique ;

Non équivoque ;

À titre de propriétaire.

Enfin elle ne doit pas être fondée sur des actes de pure faculté ou de simple tolérance.

Nous allons examiner ces différents caractères de la possession dans autant de paragraphes distincts.

§ 1er. De la possession continue.

97. La possession continue est celle qui se manifeste par des actes de jouissance assez rapprochés les uns des autres, pour qu'on puisse dire qu'elle imite la possession d'un propriétaire. D'ailleurs, la loi n'exige pas une continuité rigoureuse, une continuité toujours active, qui ne se rencontre nulle part dans la réalité pratique. Il suffit que le possesseur fasse les actes de jouissance que comportent la nature et la destination de la chose.

Celui qui reste dans une inaction assez prolongée pour faire présumer une abdication tacite de la possession, n'a pas une possession continue. Il en est de même de celui qui abandonne la possession pour la reprendre ensuite, sauf le tempérament apporté à ce principe par l'art. 2243.

98. D'après certains auteurs, entre autres M. Marcadé, la possession n'est pas continue, par cela seul que le possesseur a négligé la culture d'un héritage pendant une année. Ainsi le possesseur d'une vigne qui cesse une année de la cultiver, n'aurait pas, d'après eux, une possession utile pour prescrire.

Nous ne pensons pas que cette manière d'envisager la continuité soit conforme à l'esprit de la loi. Le Code s'est inspiré, en matière de prescription, des principes anciens de notre droit. Or, Dunod, qui a été souvent le guide des rédacteurs, disait : « Nous pouvons continuer et achever de prescrire avec la seule possession civile, c'est à dire par l'intention que l'on a de retenir la possession, quoique l'on n'en fasse pas des actes extérieurs et actuels. C'est ce qui arrive à ceux qui laissent tomber en friche des héritages dont ils ont perçu les fruits ou qui discontinuent d'exercer des droits dont ils ont usé auparavant: ils sont encore réputés possesseurs à l'effet de prescrire... » (1).

Nous croyons que les rédacteurs du Code ont été imbus de ces principes, et qu'ils n'ont point entendu exiger, pour rendre la possession continue, la réunion successive de tous les faits de jouissance que comporte la chose, mais seulement une jouissance régulière et normale de la chose possédée.

D'ailleurs le point de savoir si une possession a été continue ou discontinue est une question de fait laissée à l'appréciation des tribunaux.

99. D'après ces notions sur la continuité, il est facile de voir que cette expression n'a pas, en matière de possession, le même sens que dans la division des servitudes posée par l'art. 688 du Code. Un droit de passage serait possédé d'une manière continue, si le possesseur s'en était servi, suivant les besoins de l'héritage auquel s'appliquait activement la servitude.

_____

(1) Dunod (Prescr. p. 17). Voyez aussi Domat (liv. 3, t. 7, sect. IV, § 7).

Le caractère discontinu ou continu d'une servitude tient uniquement à cette circonstance, que le fait actuel de l'homme est ou n'est pas nécessaire à son existence. D'où il est facile de conclure que, si une servitude discontinue ne peut s'acquérir par prescription, ce n'est point parce que la possession d'une telle servitude n'est pas susceptible de la continuité exigée par l'art. 2229, mais bien parce que les actes par lesquels elle s'exerce sont de ceux qu'un voisin permet par tolérance, et qui ne peuvent fonder ni possession ni prescription (art. 2232).

§ 2. De la possession non interrompue.

100. Une seconde qualité nécessaire à la possession, c'est d'être non interrompue.

La prescription, dit l'art. 2242, peut être interrompue naturellement ou civilement. Nous appliquerons cette division aux interruptions de la possession.

Sans doute l'interruption civile ne fait pas cesser en réalité la possession ; mais elle a du moins pour conséquence de la paralyser dans ses effets et de la rendre inutile pour la prescription. Quant à l'interruption naturelle, c'est à la possession surtout qu'elle se rapporte ; et, si la prescription se trouve interrompue, ce n'est que par le contre-coup de l'interruption de la possession elle-même.

101. La possession est interrompue naturellement, lorsque le possesseur actuel est dépouillé de la possession, soit par le propriétaire, soit par un tiers. Le fait du tiers profite ici au propriétaire en faisant disparaître la possession du précédent possesseur, et par suite la condition requise pour la prescription acquisitive. Observons, du reste, que si le possesseur peut exercer l'action possessoire et se faire ainsi restituer la possession, la circonstance qu'un tiers s'est emparé de la chose ne peut lui faire perdre la possession qu'au bout d'une année. En effet, la loi prolonge la possession pendant l'année qui suit la perte de la détention (art. 2243).

102. La possession est interrompue, au point de vue de ses effets, par l'interruption civile consistant, soit dans les poursuites judiciaires que le propriétaire exerce contre le possesseur, soit dans la

reconnaissance que le possesseur fait du droit de celui contre lequel il prescrit (art. 2244, 2248).

103. La différence qui sépare la discontinuité de l'interruption n'est pas bien considérable. Tout le monde convient qu'il y a un grand rapport entre une possession continue et une possession non interrompue ; mais on n'est point d'accord sur le point précis qui les distingue.

Certaines personnes disent que la possession est interrompue, soit lorsque le possesseur est dépouillé par une personne quelconque pendant plus d'une année, soit lorsqu'il abdique lui-même sa possession.

Mais l'opinion le plus généralement suivie consiste à dire que la possession est interrompue toutes les fois que le fait qui prive le possesseur de la jouissance provient d'une tierce personne, et qu'elle est discontinue quand le fait qui arrête la possession provient du possesseur lui-même.

En suivant cette dernière opinion, nous dirons que l'abdication pure et simple de la possession constitue un cas de discontinuité, et non point une interruption de la possession.

104. Quoi qu'il en soit de la divergence d'opinions, que nous venons de constater, on peut trouver des cas où la discontinuité et l'interruption ne se confondent pas.

Ainsi, je puis rester un certain nombre nombre d'années sans cultiver la terre que je possède, ma possession n'a pas été continue, et cependant, si aucun fait interruptif ne s'est produit, elle n'aura pas été interrompue.

De même, la possession peut être interrompue sans cesser d'être continue. Si, par exemple, j'ai toujours habité la maison A, et que le propriétaire intente contre moi des poursuites en justice, je n'en aurai pas moins conservé la détention matérielle de la chose et l'*animus domini*; ma possession sera interrompue civilement, en ce sens qu'elle sera paralysée dans ses effets, mais elle n'en aura pas moins été continue.

De même, pour l'interruption naturelle, si l'on suppose qu'une personne a été dépossédée pendant plus d'une année sans réclamation de sa part, sa possession a été interrompue. Mais si elle recouvre son ancienne possession assez à temps pour pouvoir faire un acte de jouissance qui, joint au précédent, constitue une jouissance régulière et normale de la chose qu'elle détient, sa possession aura été continue.

105. Ce n'est pas au possesseur de faire preuve de la continuité ou de la non interruption de sa possession pendant tout le temps qu'elle a duré. Il lui suffit de montrer qu'il possède aujourd'hui et qu'il a possédé autrefois. La loi, dans l'art. 2234, tire de ces deux faits la présomption qu'il a possédé pendant tout le temps intermédiaire, sauf preuve contraire : *probatis extremis, media præsumuntur*, disaient les anciens auteurs.

Les motifs de cette présomption sont, d'abord la grande probabilité du fait, ensuite la difficulté de prouver la continuité de la possession.

106. L'ancien droit connaissait une autre maxime, d'après laquelle la possession ancienne faisait présumer la possession actuelle : *olim possessor, hodie possessor*. Devons-nous admettre cette présomption sous le Code? Nous ne le croyons pas. Cette maxime n'est écrite nulle part dans notre droit actuel; d'ailleurs, comme le dit très bien M. Troplong (n° 425), la conclusion la plus probable à tirer d'une possession ancienne non accompagnée de la preuve d'une possession actuelle, c'est qu'on a perdu cette possession. Cette question présente peu d'intérêt : lorsqu'après le temps requis pour la prescription, le propriétaire intente contre le possesseur l'action en revendication, il reconnaît par là même la possession actuelle de celui qui possédait *olim*; c'est ce qui arrivera le plus souvent.

§ 3. De la possession paisible.

107. La possession paisible est celle qui n'est point entachée de violence à son origine, ni conservée dans la suite par violence.

Les anciens auteurs n'étaient pas bien arrêtés sur le sens du mot paisible. Mais nous n'avons pas à nous préoccuper de leurs opinions diverses. L'art. 2233, en disposant que les actes de violence ne peuvent fonder une possession capable d'opérer la prescription, signifie évidemment que la violence, soit physique, soit morale,

7

exercée pour s'emparer de la possession, est un vice qui s'oppose à la prescription.

D'un autre côté, le mot paisible dont s'est servi l'art. 2229, exprime suffisamment que, si une possession acquise sans violence vient ensuite à être l'objet de tentatives d'usurpation réitérées de la part du propriétaire, de telle sorte qu'elle n'ait été qu'une lutte continuelle entre le propriétaire et le possesseur, on ne peut pas dire qu'elle a été tranquille, paisible ; et ainsi elle renferme un vice qui empêche la prescription.

108. Tous les auteurs n'admettent pas ce dernier point, parce que, disent-ils, repousser la force par la force n'est pas exercer une violence. Mais on répond avec raison que le possesseur, qui se trouve continuellement harcelé par les entreprises du propriétaire, n'a pas cette possession tranquille qui imite celle d'un propriétaire. D'ailleurs les rédacteurs du Code ont voulu reproduire, dans l'art. 2229, la disposition de l'art. 113 de la coutume de Paris, qui s'exprimait ainsi : « Si aucun a joui ou possédé héritage..... franchement et sans inquiétation..... »

109. La preuve que la possession a été paisible n'incombera pas à celui qui allègue la prescription ; ce sera à son adversaire de faire la preuve contraire. Lorsqu'une personne invoque un fait exceptionnel, en dehors du cours habituel des choses, c'est à elle de le prouver.

110. La violence était un vice plus radical chez les Romains que chez nous. A Rome, le vice de violence était perpétuel et affectait la chose même chez le possesseur de bonne foi ; il ne pouvait être purgé que par le retour de la chose aux mains du propriétaire. Cette rigueur n'a pas été admise dans notre droit. Le Code Napoléon a fait de la violence un vice purement temporaire de la possession. La possession utile commence aussitôt que la violence a cessé (art. 2283).

111. Les faits constitutifs de la violence ne peuvent pas être déterminés par le législateur; c'est au juge de les apprécier. Observons en passant que, dans l'état de nos mœurs, les actes de violence corporelle se présenteront bien rarement, et que, s'ils se présentent, ils auront bien peu de durée. Il n'y a guère que la contrainte morale qui puisse tenir le propriétaire éloigné de sa chose pendant

un certain temps et qui donne intérêt à la question de savoir depuis quand la possession, violente à son origine, est redevenue paisible.

112. Le vice résultant de la violence est purement relatif à la différence de la discontinuité et de l'interruption dont l'effet est absolu. On n'appliquera donc point à la possession la règle posée par l'art. 1111, en matière de contrats. Il y a cette différence entre la possession et un contrat, que le contrat est l'accord de deux volontés, tandis que la possession est le fait d'un seul. Ainsi, dans un cas, si l'une des deux volontés n'est pas libre, la convention est annulable, quel que soit d'ailleurs l'auteur de la violence; dans l'autre, au contraire, il faut voir s'il y a violence ou non de la part de l'occupant. C'est ce qu'indique l'art. 2233, par ces mots : *les actes de violence* ne peuvent *fonder* une possession capable d'opérer la prescription. Ainsi, la violence exercée contre le possesseur par un tiers, ne vicierait point ma possession, si je n'y avais participé en aucune façon.

113. La violence ne peut être invoquée contre le possesseur que par celui contre lequel elle a été dirigée. J'ai dépouillé violemment Primus d'un fonds appartenant à Secundus, mais je n'ai employé aucune violence contre le propriétaire. Si Primus revendique contre moi et que je lui oppose la prescription, il pourra la repousser en s'appuyant sur le vice dont ma possession a été entachée à son égard. Si nous supposons, au contraire, que le propriétaire Secundus revendique le fonds contre moi, je lui opposerai victorieusement la prescription, parce que ma possession n'a pas été violente à son égard. La violence, en effet, n'empêche la possession d'être utile que parce que l'on suppose qu'elle a intimidé le propriétaire, qu'elle l'a paralysé dans ses moyens d'action. Cette supposition est impossible dans le cas où la violence a été exercée contre un autre que le propriétaire.

§ 4. — De la possession publique.

114. La possession publique est celle qui n'est pas dissimulée, qui existe au vu et au su de tous ceux qui l'ont voulu voir et savoir,

comme dit la coutume de Melun. La loi veut que le propriétaire soit mis à même de connaître les empiètements commis sur son droit. Le vice résultant du défaut de publicité s'appelle clandestinité de la possession.

115. La possession clandestine, à son origine, peut devenir publique par la suite; devient-elle par là même utile pour la prescription ? Nous le pensons ; en effet, si la possession violente *ab initio* peut être purgée de ce vice, dès que la violence a cessé, *a fortiori* doit-il en être de même d'une possession clandestine d'abord, qui devient publique. La clandestinité est un vice moins odieux que la violence (art. 2233).

116. A l'inverse, une possession publique, à son origine, qui devient ensuite clandestine, ne sera pas une possession utile pour prescrire. Cette proposition n'est pas admise par tout le monde. On ne peut pas argumenter de la disposition de l'art. 2233, car la violence ne peut jamais exister qu'à l'origine de la possession ; mais cet article nous semble avoir implicitement abrogé la règle romaine, d'après laquelle on considérait toujours l'origine de la possession pour en déterminer les caractères. D'après l'art. 2233 deuxième alinéa, il faut considérer la possession dans toute sa durée pour en apprécier les différentes qualités. Cette règle est préférable à la doctrine romaine. Nous maintenons donc que la possession publique, qui devient ensuite clandestine est une possession vicieuse. Je sais que l'opinion contraire cite un texte d'Africain à l'appui de sa manière (1) de voir ; mais je crois que ce texte est étranger aux principes de notre législation.

D'ailleurs ici, comme à l'égard des autres caractères de la possession, les faits seront appréciés par les juges ; et, si une possession publique d'abord est devenue clandestine, parce que les signes extérieurs de la jouissance ont disparu, le tribunal pourra décider en fait que la possession n'en aura pas moins été utile pour la prescription. En effet, si le propriétaire a été suffisamment informé, par des actes patents d'agression, de l'entreprise qu'on dirigeait contre sa propriété ; s'il est certain que son adversaire, malgré la suppression des marques extérieures de la jouissance, reste en pos-

_____

(1) Fr. 40, § 2, 11. 2.

session de la chose, il nous semble que la possession ne sera pas clandestine, dans la pensée de la loi, et que, si elle réunit les autres conditions exigées, elle pourra conduire à la prescription.

117. La clandestinité, de même que la violence, est un vice purement relatif. Elle ne peut être opposée que par celui à l'égard de qui la possession a été dissimulée. Il va sans dire que si le possesseur s'est caché de tout le monde, tout le monde pourra se prévaloir contre lui de la clandestinité; mais ce n'est pas parce que la clandestinité est un vice absolu, c'est parce qu'elle a été pratiquée à l'égard de tout le monde.

Remarquons d'ailleurs que, toutes les fois que la possession a été telle qu'on a pu facilement la voir et connaître, il importe fort peu que le propriétaire l'ait connue ou ignorée en fait.

118. On sait que, d'après l'art. 555 C. N., on peut acquérir par prescription un souterrain sous le bâtiment d'autrui. On en a conclu que cette disposition viole l'art. 2229, dans une des conditions nécessaires à la possession, c'est-à-dire la publicité. Mais il nous semble qu'il n'en est rien, et qu'il est très facile de concilier entre elles ces deux dispositions légales. Sans doute on peut acquérir par prescription un souterrain sous le bâtiment d'autrui, mais à la condition que la possession qu'on en a réunisse toutes les conditions requises par l'art. 2229, pourvu, notamment, que la possession s'en soit manifestée au grand jour soit par l'ouverture de soupiraux, soit par une entrée publique.

§ 5. De la possession à titre de propriétaire.

119. L'art. 2229, en parlant de la possession à fin de prescrire, décide qu'elle doit être à titre de propriétaire; l'art. 25 C. pr., traitant des actions possessoires, dit que la possession doit être non précaire; mais ces deux expressions ont le même sens, et ce qui le prouve, c'est que l'art. 2236, en s'occupant des personnes qui détiennent pour autrui, reproduit l'expression du Code de procédure, en disant que ces personnes détiennent précairement.

120. Qu'est-ce donc que la possession à titre de propriétaire ou non précaire? C'est celle qui s'exerce à titre de maître, avec l'intention de jouir de la chose par sa seule volonté, à l'exclusion de tout

autre. C'est une possession jalouse et ombrageuse dont la plus légère prétention étrangère suffit pour exciter la susceptibilité.

121. Le mot précaire n'a pas chez nous la même signification que chez les Romains. En droit romain, le précaire était une concession faite par une personne à une autre, et révocable à la volonté du concédant. D'après la nature de ce contrat, la possession passait au concessionnaire. Toutefois, on pouvait convenir, par une clause expresse, que le concédant conserverait la possession. Les jurisconsultes romains assimilaient, dans ce dernier cas, le précariste à un fermier (1). Nos anciens auteurs, s'autorisant de cette assimilation et trouvant dans les constitutions impériales elles-mêmes (2) la généralisation de cette expression, appliquèrent la dénomination de détenteurs précaires à tous ceux qui détiennent au nom d'autrui.

122. Le détenteur précaire est celui qui détient en vertu d'un titre qui implique reconnaissance du droit d'autrui. Il faut pour cela quatre conditions : 1° la détention physique ; 2° un titre en vertu duquel elle existe, en d'autres termes, un fait juridique qui lui serve de fondement ; 3° que ce titre emporte reconnaissance du droit d'autrui ; 4° qu'il explique la continuation de la détention. Cette quatrième condition nous montre pourquoi la prescription reprend son cours même après la reconnaissance que le possesseur a faite du droit du propriétaire (art. 2248). En effet, cette reconnaissance, loin d'expliquer la continuation de la détention, la rend, au contraire, extraordinaire. Tous les caractères que nous venons d'indiquer se rencontrent chez les personnes énumérées dans l'article 2236.

Toutefois l'énumération de cet article est incomplète. Nous verrons qu'il y a d'autres détenteurs, dont le titre est précaire et frappé d'une impuissance absolue, par rapport à la prescription.

123. On peut ranger les détenteurs précaires dans deux grandes catégories. La première comprend ceux qui ne sont investis de la détention que dans l'intérêt d'autrui ; la précarité de ces détenteurs est entière. La seconde catégorie se compose de ceux qui sont en

(1) Fr. 6, § 2, 43. 26.
(2) C. 2, au Code, 7, 39.

rapport avec la chose, tant dans l'intérêt d'autrui que dans le leur; leur position est *animo domini* sous un rapport, et *alieno nomine* sous un autre.

124. Les personnes de la première catégorie, qui détiennent la chose *tanquam alienam* dans toute l'étendue du mot, sont les fermiers, les locataires, les mandataires, les envoyés en possession des biens d'un absent, le mari administrateur des biens de sa femme, les créanciers gagistes.

125. Les détenteurs de la seconde catégorie sont ceux qui se posent comme ayant un droit réel sur la chose, par exemple, un droit d'usufruit ou d'usage. L'usufruitier et l'usager reconnaissent bien le droit du nu-propriétaire, mais ils possèdent pour leur compte le droit d'usufruit ou d'usage; ils ne pourront prescrire la nue-propriété, parce qu'ils sont détenteurs précaires quant à elle; mais ils pourront parfaitement acquérir par prescription l'usufruit ou l'usage, parce que, quant à ces droits, ils sont possesseurs *animo domini*. Par conséquent ceux qui ont acheté *a non domino* un droit d'usufruit ou d'usage, les acquièrent par prescription, en les exerçant pendant le temps requis par la loi. Il faut en dire de même de celui qui a acheté *a non domino* une servitude continue ou apparente.

126. Le vice de précarité est un vice absolu, à la différence de la clandestinité et de la violence, dont l'effet est purement relatif. Cela résulte évidemment de ce que l'*animus domini* est un élément intrinsèque de la possession. Sans *animus domini*, pas de possession; c'est ce que nous avons déjà remarqué plusieurs fois. La possession clandestine ou violente est une possession, et, si elle ne peut conduire à la prescription, c'est que l'exercice qu'on en fait est entaché d'un vice qui explique l'inaction du propriétaire. Mais sans *animus domini*, il y a absence absolue de possession, et, par suite, impossibilité de prescrire à l'encontre de qui que ce soit.

127. Tout contrat, en vertu duquel existe la précarité, produit des effets qui se réalisent, tant dans la personne du propriétaire que dans celle du détenteur. Il procure au premier la possession de la chose sans nécessité de détention physique, il empêche toute possession utile de prendre naissance dans la personne du second. Ces deux effets s'expliquent parfaitement. La jouissance précaire ayant sa base dans une remise de la chose à charge de reconnais-

sance du droit d'autrui, le concédant n'a fait aucune aliénation, ni totale, ni partielle de la chose.

D'un autre côté, l'obligation de restituer la chose est inhérente à la précarité comme conséquence du contrat originaire.

128. Mais le Code ne s'est pas arrêté aux effets du contrat, de telle sorte que les obligations qui en naissent se trouvant éteintes par l'effet de la prescription libératoire, la précarité pût être purgée par le fait de cette prescription. En un mot, le Code ne fait pas cesser la précarité, quand la qualité qui l'a produite vient à cesser elle-même. Par conséquent, les fermiers, dépositaires, etc., peuvent bien, au bout de trente ans, se libérer des obligations personnelles dont ils sont tenus en vertu du contrat de bail ou de dépôt ; mais ils ne peuvent se soustraire en même temps à l'action en revendication exercée contre eux par le propriétaire.

129. La loi a voulu que le détenteur précaire ne pût jamais prescrire à cause du vice originel de sa possession. De là vient que nos anciens auteurs disaient : *melius est non habere titulum quam habere vitiosum.* En effet, le *prædo,* celui qui ne peut donner d'autre raison de sa possession que cette possession même, peut prescrire, tandis que le détenteur précaire ne le peut, et ne le pourra jamais; on lui dira toujours : *titulus tuus clamat contra te.*

Cette règle sévère s'explique par cette considération que, lorsqu'une chose est possédée même par un *prædo,* la vigilance du propriétaire doit le porter à exercer son droit au plus tôt. Au contraire, quand la chose est détenue au nom et pour le compte du propriétaire, celui-ci n'a rien à craindre; il n'agit pas, parce qu'il croit n'avoir pas besoin d'agir; son inaction repose sur un motif parfaitement rationnel.

130. Nous avons dit que la précarité oppose à la prescription un obstacle absolu, et que le détenteur précaire ne peut prescrire non seulement contre celui duquel il tient la chose, mais même contre qui que ce soit. L'intérêt pratique de cette règle de droit ne se rencontrera pas toujours, et même, dans bien des cas, il sera inutile de savoir si la précarité est un vice absolu ou seulement relatif.

Je m'explique : un contrat de bail est intervenu entre Primus et Secundus ; que la chose louée appartienne à Primus le bailleur, ou à un tiers, à Tertius, par exemple, il importe peu de savoir si le vice de précarité est absolu ou relatif. De deux choses l'une : ou la chose appartient au bailleur, et alors le vice de précarité n'a qu'un effet relatif, le preneur ne peut prescrire contre le bailleur; ou bien la chose appartient à Tertius, et, comme le preneur n'est que l'instrument du bailleur, c'est Primus qui acquiert le bénéfice de la prescription par le moyen de son locataire ; inutile de savoir dans ce second cas, si la précarité est un vice absolu ou relatif.

151. On peut citer cependant des cas où la règle qui attribue à la précarité un effet absolu présente vraiment de l'intérêt. Supposons, en effet, dans l'espèce ci-dessus, que la chose, donnée à bail par Primus à Secundus, appartienne à un tiers et que, par suite de diverses circonstances, le bailleur ne puisse l'acquérir par prescription, soit parce qu'il est le conjoint du propriétaire (art. 2235), soit parce qu'il a renoncé à la prescription, acqui- par l'intermédiaire de son locataire, soit encore parce que la prescription a été civilement interrompue à son égard. Dans ces différentes hypothè··· on peut se demander si le fermier a acquis *proprio nomine* le bénéfice de la prescription. C'est alors que se présente tout l'intérêt de la question de savoir si la précarité a un effet absolu ou un effet relatif. Si elle n'avait qu'un effet relatif, le locataire aurait pu prescrire pour son propre compte ; dans le cas contraire, la prescription n'aurait pu se réaliser à son profit. C'est dans ce dernier sens qu'il faut résoudre la question, en faisant remarquer que le détenteur précaire ne possède pas dans le sens juridique de l'expression (art. 2236).

152. Les détenteurs précaires ne peuvent donc jamais prescrire contre qui que ce soit. Mais la loi va plus loin ; elle consacre, dans l'art. 2257, une disposition prohibitive semblable à l'égard de leurs héritiers. On a critiqué la loi sur ce dernier point ; on a dit que son système est exagéré, qu'il anéantit dans bien des cas le bienfait de la prescription, et présente le grave inconvénient de laisser la propriété perpétuellement incertaine. Un bien peut être resté dans une famille pendant plusieurs siècles, s'il a été tenu précairement par le premier ancêtre qui l'a possédé, ses héritiers *in infinitum*, n'auront pas la certitude d'en être propriétaires, s'ils ne sont à même de prouver que le titre précaire a été interverti

conformément au prescrit de l'art. 2238. Le résultat est surtout bizarre, si l'on met en regard l'un de l'autre l'héritier du détenteur précaire et le *prædo*; mais la loi est ainsi faite, il faut l'appliquer.

153. Pour expliquer la disposition rigoureuse de l'art. 2237, qui perpétue le vice de précarité dans la personne des héritiers, on a dit que les héritiers succèdent aux obligations de leur auteur. Cette explication a quelque apparence de fondement en matière de bail, de dépôt, de commodat, de mandat, par exemple, parce qu'il est vrai de dire que les héritiers succèdent à l'obligation, soit de restituer la chose, soit de rendre compte, soit de conserver les lieux loués, obligation dont était tenu leur auteur.

Mais on ne peut en dire autant des héritiers de l'usufruitier. L'usufruit est temporaire, c'est un titre essentiellement viager, qui ne se transmet pas aux héritiers; et cependant les héritiers de l'usufruitier, qui n'auront jamais la qualité de leur auteur, restent toujours considérés comme détenteurs précaires. Tout ce qu'on peut dire, c'est qu'ils continuent la possession de leur auteur; c'est là la seule explication qu'on puisse donner du système de la loi.

154. Certaines personnes, en présence de l'extension outrée que le Code donne au principe de la précarité, ont proposé de n'appliquer les art. 2236 et 2237 qu'aux détenteurs qui y sont énumérés, et de ne pas les étendre aux autres détenteurs à titre précaire. En conséquence, ces derniers pourraient commencer à prescrire dès le moment où vient à cesser la circonstance qui faisait la précarité de leur titre. Mais cet adoucissement à la rigueur du principe serait, selon nous, une violation manifeste des art. 2236 et 2237, qui disposent en termes généraux et ne citent le fermier, le dépositaire, l'usufruitier, qu'à titre d'exemples.

D'ailleurs l'art. 2240 vient encore confirmer le principe, sous une nouvelle forme, en disposant qu'on ne peut prescrire contre son titre, c'est à dire contre la précarité de son titre. Il nous semble qu'en présence des art. 2236 et 2237 combinés avec l'art. 2240, il est impossible d'échapper à la généralité du principe que la loi consacre en matière de précarité.

155. Si les héritiers continuent la détention précaire de leur auteur et ne peuvent ainsi commencer à posséder utilement, il n'en est pas de même des successeurs à titre singulier, à qui les fermiers

ou autres détenteurs précaires ont transmis la chose par un titre translatif de propriété. L'art. 2239 suppose que le détenteur précaire cède la chose à un tiers. Cet acquéreur ne succède pas à la précarité du titre de son auteur; une possession utile commence en sa personne.

156. Est-il nécessaire que le fermier ou autre détenteur précaire fasse tradition de la chose à l'acquéreur, ou qu'à défaut de tradition, celui-ci fasse signifier son titre d'acquisition à celui au nom duquel l'aliénateur possédait? Certaines personnes le pensent. Mais nous croyons que ce sont là des conditions arbitraires que la loi n'exige ni explicitement, ni implicitement. Toutefois, il faut que la posses. on du nouvel acquéreur réunisse toutes les qualités requises. Si elle avait un caractère clandestin ou équivoque, elle serait évidemment sans utilité; mais ce ne serait pas par le défaut de tradition ou de notification, ce serait uniquement parce qu'elle ne présente pas tous les caractères exigés par l'art. 2229. La solution de toutes les difficultés, qui peuvent s'élever sur ce point, reposera sur une appréciation des faits de la cause. Mais on ne saurait prétendre *à priori* que, si rien n'avertit le propriétaire du changement de circonstances, la prescription ne pourra courir au profit du successeur particulier du détenteur précaire.

157. Le détenteur précaire ne peut commencer à prescrire par cela seul qu'à un moment donné il lui plaira d'avoir l'*animus domini*. La loi a précisé limitativement les deux circonstances desquelles peut résulter l'interversion du titre précaire. C'est ce que signifie l'art. 2240, qui a été puisé dans le droit romain. Mais, à Rome, la maxime *nemo potest sibi ipse causam possessionis mutare* avait une portée bien plus restreinte que dans notre droit. Cette maxime, en effet, ne pouvait s'appliquer à l'usucapion proprement dite, puisque l'une des conditions essentielles de l'usucapion était la bonne foi. Elle ne pouvait se rapporter qu'aux cas spéciaux où la bonne foi n'était pas requise, comme dans l'usucapion *pro herede* ou la *præscriptio longissimi temporis*. Mais, sous l'empire du Code, cette maxime s'applique à tous les cas où la prescription procède par trente années. On peut même dire qu'elle ne tend qu'à corroborer le principe déjà formulé dans les art. 2236 et 2237, à savoir :

que personne ne peut, à son caprice, purger son titre du vice de précarité (article 2240).

158. Voyons donc comment s'opérera l'interversion de la possession précaire en possession *animo domini*. L'art. 2238 ne reconnaît que deux causes d'interversion : 1° une cause venant d'un tiers; 2° la contradiction opposée au droit du propriétaire.

1° Cause venant d'un tiers. — Cette cause d'interversion se produit toutes les fois que le détenteur précaire reçoit la chose d'un autre que le propriétaire, et par un acte qui, de sa nature, est translatif de propriété. Ainsi, le fermier de Secundus achète de Tertius la chose qu'il avait reçue à bail. La précarité est purgée, la détention *alieno nomine* se convertit en possession *animo domini*, et la prescription devient possible.

On a soulevé ici deux questions, sur la solution desquelles les auteurs ne sont pas d'accord. D'abord, faut-il, dans le cas d'interversion par le fait d'un tiers, que le détenteur notifie son nouveau titre à celui pour le compte duquel il tenait la chose, afin de l'avertir par une marque formelle de son changement d'intention? Nous ne le pensons pas. Qui ne voit, en effet, qu'assujettir le détenteur à cette notification, non seulement serait arbitraire, mais que ce serait rayer d'un seul trait la première cause d'interversion, dont nous nous occupons en ce moment? Ce serait décider, contrairement à la disposition de l'art. 2238, que la détention précaire ne peut être intervertie que par la contradiction opposée au droit du propriétaire, tandis que la loi a pris soin de distinguer d'une manière fort nette deux causes différentes d'interversion. Aussi croyons-nous que le détenteur précaire n'aura pas besoin de notifier son titre pour commencer à prescrire, pourvu que sa possession satisfasse à toutes les conditions requises. Il est évident, en effet, que, s'il continue à agir en détenteur précaire, sa possession conserve son vice originel, et l'interversion sera inefficace; mais ce ne sera pas par le défaut de notification du titre, ce sera uniquement parce que sa possession manque d'un ou de plusieurs des caractères énumérés dans l'art. 2229; elle aura été clandestine ou équivoque.

Ainsi en résumé, lorsque le titre précaire est interverti par une cause venant d'un tiers, il faut que le détenteur signale par des actes ostensibles et caractéristiques, aux yeux de celui au nom duquel il tenait la chose, le changement qui s'est opéré dans sa situation juridique, et qu'il montre d'une manière évidente que désormais il entend ne plus détenir au nom d'autrui, mais se comporter comme maître exclusif de la chose.

L'autre difficulté, soulevée par rapport à la première cause d'interversion du titre précaire, est la suivante. Le détenteur précaire, au profit duquel existe la première cause d'interversion, doit-il être de bonne foi, c'est-à-dire dans la persuasion que la chose appartient à celui duquel il la reçoit? Beaucoup de personnes soutiennent l'affirmative, sur le motif qu'il serait facile sans cela d'éluder la loi et d'intervertir le titre précaire au moyen d'un acte frauduleux.

Nous ne croyons pas que cette doctrine soit exacte. La bonne foi n'est pas nécessaire pour opérer l'interversion du titre. La mauvaise foi, en effet, n'est pas un obstacle à la prescription. Tout ce qui peut résulter d'une possession injuste, c'est de rendre celui qui l'exerce incapable d'invoquer la prescription de dix ou vingt ans. Mais, si nous n'exigeons pas la bonne foi chez le détenteur, il faut au moins, d'après nous, que le titre sur lequel se fonde l'interversion soit un titre sérieux, qu'il n'ait pas été fabriqué tout exprès par un compère et pour le besoin du moment. La fraude ne saurait produire d'effet juridique, puisqu'elle a pour conséquence de corrompre tous les actes : *fraus omnia corrumpit*. Mais si le nouveau titre est sérieux, s'il est sincère, s'il émane d'une personne qui passe dans le pays pour propriétaire de la chose et qui se comporte comme tel, il n'est pas nécessaire que le détenteur croie réellement que la chose lui appartient. L'interversion de la possession précaire aura lieu en ce cas, et le détenteur qui ne pourra invoquer la prescription de dix ou vingt ans, puisqu'il est de mauvaise foi, prescrira par trente années.

2°. Contradiction opposée au droit du propriétaire. — La seconde cause d'interversion du titre précaire, c'est, d'après l'article 2238, la contradiction opposée au droit du propriétaire. Pour que cette cause d'interversion se réalise au profit du détenteur, il faut qu'il déclare son changement de volonté à celui au nom duquel il tient la chose, qu'il lui signifie formellement, soit par des paroles, soit par des actes, qu'il entend désormais posséder pour son compte, et qu'ensuite il se conduise de manière à faire voir qu'il a des prétentions évidentes à la propriété. Il faut, en un mot, qu'il ne puisse y avoir le moindre doute sur la nature du droit qu'il entend exercer à l'avenir.

On peut citer, comme exemples de cette seconde cause d'interversion, le cas d'un fermier qui, se prétendant propriétaire, recueille désormais les fruits de l'héritage pour son propre compte et expulse le maître qui vient pour habiter une partie du bien affermé ; celui d'un usufruitier qui signifie au nu propriétaire que désormais il possédera pour son compte la pleine propriété de la chose, parce qu'il a découvert qu'elle lui appartient en qualité d'héritier du vrai propriétaire.

La contradiction au droit du propriétaire pourra résulter de bien d'autres faits, par exemple d'actes judiciaires ou même extra-judiciaires. Elle aura lieu par voie judiciaire, quand notamment le fermier, assigné en paiement des fermages, se refuse à exécuter son obligation, en alléguant en justice que le bien affermé lui appartient. Un acte extra-judiciaire peut aussi servir de base à la contradiction. Ainsi, le fermier notifie à son bailleur par exploit d'huissier, qu'il ne lui paiera plus de fermages, parce qu'il a trouvé dans un titre à lui appartenant la preuve de sa propriété.

En un mot, il faut des actes formels, positifs, qui indiquent d'une manière irréfragable, de la part du détenteur, l'intention de posséder désormais la chose comme sienne. Notons en passant que la simple cessation du paiement des fermages ne saurait constituer à elle seule un acte de contradiction au droit du propriétaire. Il faut qu'à ce fait négatif se joigne une dénégation positive du droit du propriétaire.

On s'est demandé comment pouvait se prouver la contradiction. Les auteurs se sont divisés sur la solution de cette question. Mais il me semble que, puisque la loi n'a pas limité les faits qui constituent la contradiction, puisqu'ainsi elle peut résulter d'un acte, dont il a été impossible de se procurer une preuve écrite (article 1548), d'une voie de fait, par exemple, la contradiction pourra se prouver tant par titres que par témoins.

159. Des difficultés peuvent s'élever sur le point de savoir si le détenteur a possédé précairement ou *animo domini*, comment les

résoudre? La loi a sagement fait de poser à cet égard deux présomptions, dans les articles 2230 et 2231. Ainsi, dans le doute, le détenteur est toujours présumé posséder *animo domini* pour son propre compte. Mais cette présomption n'est pas invincible, elle tombe devant la preuve contraire. Si le possesseur a commencé à posséder pour autrui, il est présumé posséder toujours au même titre, à moins qu'il ne prouve qu'il est dans l'un des deux cas d'interversion réglés par l'art. 2238.

Nous ne terminerons pas l'importante matière de la précarité, sans examiner quelques questions délicates auxquelles elle a donné lieu.

140. D'abord, la détention du propriétaire sous condition résolutoire, après l'accomplissement de la condition, est-elle entachée de précarité ? La réponse à cette question se trouve, selon nous, dans l'art. 966 du Code Napoléon. Cet article pose une règle qui s'applique à tous les cas. On ne peut prétendre que la disposition de cet article est exceptionnelle, pour en conclure qu'il ne doit pas s'étendre en dehors du cas prévu. Si l'art. 966 renferme quelque chose de spécial et de vraiment exorbitant des règles ordinaires, ce n'est que par rapport au point de départ de la prescription. Je crois donc qu'il est permis de généraliser cette disposition et de poser en règle, que tout propriétaire sous condition résolutoire peut, après l'accomplissement de la condition, commencer à prescrire la chose, dont il conserve la possession. Sans doute le titre du propriétaire sous condition résolutoire implique reconnaissance du droit d'autrui, mais il n'explique pas la continuation de la détention. Remarquons bien que la condition résolutoire, et la reconnaissance conditionnelle qu'elle renferme, ne sont insérées dans le contrat, que pour restreindre le dépouillement de la propriété, en lui enlevant le caractère d'irrévocabilité, et non pour obtenir la détention de la chose *alieno nomine*. Ainsi, la situation du propriétaire sous condition résolutoire, après l'accomplissement de la condition, nous offre un exemple remarquable du principe que la simple reconnaissance du droit d'autrui n'est point constitutive de la précarité.

Ce que nous venons de dire nous servira à décider deux questions très controversées.

141. Un donateur, qui ne livre pas la chose donnée, possède-t-il précairement et pour le compte du donataire, ou bien, au contraire, peut-il l'acquérir par prescription après une possession de trente années?

Les personnes qui soutiennent que le donateur, dans l'espèce, est détenteur précaire, s'appuient sur cette idée, que détenir une chose en une qualité qui implique l'obligation de la restituer, c'est la détenir précairement. Or, disent-elles, le donateur, qui ne livre pas la chose donnée, la détient en une qualité qui implique l'obligation de la livrer au donataire; donc il est détenteur précaire; donc la prescription ne peut courir à son profit.

Je ne crois pas que cette solution soit conforme aux principes. Sans doute, le titre de donation implique bien reconnaissance du droit du donataire, mais il ne peut expliquer la continuation de la détention du donateur. Il faut observer que toute obligation de rendre la chose n'est pas constitutive de la précarité. Admettre en principe que le possesseur ne prescrit point dans tous les cas où il est tenu de l'obligation personnelle de restituer la chose, ce serait créer une règle arbitraire, que nous ne trouvons écrite nulle part dans le Code. A ce compte, le voleur ne pourrait jamais prescrire, et cependant, tout le monde convient qu'il n'est point détenteur précaire, mais qu'il a au plus haut degré l'*animus domini*. Tenons donc pour certain que l'obligation de rendre la chose ne peut fonder la précarité, que lorsqu'elle est une condition de la possession acquise. Quand, au contraire, cette obligation n'est qu'un effet de la possession acquise ou la conséquence d'un titre autre que celui en vertu duquel on possède, comme dans l'espèce actuelle où le donateur possède sans titre, aucun obstacle ne peut s'opposer à la réalisation de la prescription acquisitive.

142. Nous apporterons cependant deux tempéraments à notre solution. Lorsque, dans l'acte de donation, il aura été inséré une clause, d'après laquelle la chose donnée ne devra être livrée que dans un certain temps, le titre expliquant alors la continuation de la détention du donateur, ce dernier sera considéré comme détenteur précaire jusqu'à l'expiration du terme fixé pour la délivrance.

De même, si un constitut possessoire était intervenu entre le donateur et le donataire, si, par exemple, le donateur conserve la

chose à titre de bail ou de dépôt au nom du donataire, on ne saurait élever le moindre doute sur la précarité de la détention du
donateur.

143. La question, que nous venons d'examiner, s'élève aussi
par rapport au vendeur qui ne livre pas la chose, mais en conserve
la possession. Il nous semble qu'elle doit être décidée dans les
mêmes termes, et avec les mêmes tempéraments. Le titre de vente
n'explique pas pourquoi le vendeur continue à posséder la chose ;
il rend, au contraire, extraordinaire la continuation de la détention postérieure à l'acte de vente. Le vendeur possède donc *animo
domini*, et peut reconquérir par trente années de possession la
propriété de la chose. Il en serait autrement si le vendeur avait
stipulé un terme pour la livraison, s'il s'était établi, en vertu d'un
constitut possessoire, détenteur pour le compte de l'acheteur.
Dans ces deux cas, nous admettons le même tempérament que pour
la précédente question.

Nous ferons même à notre principe une troisième exception,
qui ne se présente pas en matière de donation, mais dont il faut
tenir compte en matière de vente. Aux termes de l'art. 1612, C.
N., le vendeur n'est pas tenu de délivrer la chose, si l'acheteur
n'en paye pas le prix, il jouit alors du droit de rétention. Dans ce
cas, comme le titre de vente explique la détention du vendeur jusqu'au paiement du prix, celui-ci sera et restera jusqu'à ce moment
détenteur précaire.

§ 6. — De la possession non équivoque.

144. La sixième et dernière qualité de la possession à l'effet de
prescrire, c'est d'être non équivoque.

Il est à remarquer que cette sixième condition de la possession
n'est pas, à proprement parler, une qualité nouvelle. La possession est non équivoque, quand il n'existe aucune incertitude sur
ses éléments et ses caractères, tels que nous venons de les énumérer. L'équivoque naît de l'insuffisance des preuves que doit
fournir le possesseur.

145. Recherchons donc quelles preuves incombent à celui qui

8

invoque la prescription acquisitive. Le possesseur a trois preuves à faire : 1° qu'il a possédé anciennement et qu'il possède au moment actuel ; 2° que sa possession a été publique ; 3° lorsqu'on lui a démontré l'origine précaire de sa possession, que la précarité a été purgée par l'interversion de son titre. Mais il me semble que, pour l'administration de ces différentes preuves, il était inutile de dire expressément qu'elles doivent exclure toute équivoque ; cela allait de soi, et l'art. 2229, en exigeant que la possession fût non équivoque, n'a pu avoir trait à la preuve de ces différents faits. Ce serait, en effet, prêter au législateur une naïveté que de croire que sa pensée a été de consacrer une qualité de plus quant à la manière dont ces preuves devaient être fournies, puisqu'une preuve doit toujours être complète et ne laisser rien au doute.

146. Quel est donc l'intérêt pratique des mots *non équivoque* de l'art. 2229, et dans quel cas ont-ils vraiment une signification ? Nous allons voir que, quoi qu'en aient dit certains auteurs, ces mots ont une grande importance et un sens fort utile en matière de prescription.

147. S'il y a des faits, dont la preuve incombe au prescrivant, il en est d'autres dont la preuve n'est pas à sa charge, mais qui sont présumés en sa faveur. Ainsi la loi, dans l'art. 2234, présume, en faveur du possesseur, le commencement et l'existence actuelle de sa possession une fois démontrés, qu'il a possédé dans le temps intermédiaire. Ce sera à son adversaire de prouver la discontinuité ou l'interruption de sa possession.

En second lieu, d'après l'art. 2230, le possesseur est présumé posséder pour soi et à titre de propriétaire; il n'a pas à prouver l'*animus domini*. La preuve de la précarité est à la charge de son adversaire.

Enfin le possesseur n'est pas tenu de prouver le caractère paisible de sa possession, parce que la violence et le trouble sont des faits exceptionnels qui ne se présument jamais.

148. Dans ces trois cas, nous disons que le caractère non équivoque, que la loi exige de la possession, présente un grand intérêt. Il suffira, en effet, pour faire disparaître les trois présomptions, dont nous venons de parler, de jeter du doute sur l'existence des faits, dont la loi dispense le possesseur de faire la preuve. Ainsi,

pour paralyser l'effet des présomptions des art. 2250 et 2254, il n'est pas nécessaire de fournir la preuve contraire, complète et absolue; un simple doute peut imprimer à la possession un caractère équivoque, qui élève une barrière à la prescription.

Ainsi, mon voisin jette des matériaux sur mon terrain; ces matériaux y restent trente ans. Au bout de ce temps, le voisin soutient avoir prescrit mon terrain. La loi présume la possession *animo domini* en faveur du possesseur; mais j'affirme que cette possession n'a été que le résultat de ma tolérance. Il suffira que les juges aient un doute sur ce point, pour que la preuve contraire soit faite; il y alors équivoque.

La position du possesseur peut aussi répandre une certaine ambiguïté sur la portée de ses actes. C'est ainsi qu'un communiste aura le plus souvent une possession équivoque.

149. Il résulte de ce que nous venons de dire, que l'art. 2229, en portant que la possession à l'effet de prescrire doit être non équivoque, n'a point consacré une superfluité, ni exprimé une redondance inutile. Sans doute le caractère non équivoque n'est point une qualité nouvelle de la possession ; il n'est que la confirmation des autres caractères requis par la loi ; mais le Code, en l'exigeant expressément dans l'art. 2229, fournit au propriétaire un moyen fort important d'écarter les présomptions établies au profit du possesseur, par les art. 2250 et 2254, moyen que, dans le silence de la loi, on n'aurait pu mettre à sa disposition sans arbitraire, puisque, de droit commun, le juge est forcé d'admettre ou de rejeter la preuve, sans consacrer un état intermédiaire entre l'affirmation et la négation d'un fait.

§ 7. Des actes de pure faculté ou de simple tolérance.

150. La possession, pour opérer la prescription, ne doit pas reposer sur des actes de pure faculté ou de simple tolérance. L'article 2252, qui formule cette règle en des termes assez obscurs, a besoin d'être bien compris pour ne pas induire en erreur.

151. *Actes de pure faculté.* — A la prendre à la lettre et dans son sens absolu, la règle d'après laquelle les actes de pure faculté

ne peuvent fonder ni possession ni prescription, rendrait la prescription complètement inutile, et ferait du dernier titre du Code
une vaine théorie sans application pratique, puisqu'il est vrai de
dire que tous les droits consistent dans la faculté de faire certains
actes.

152. Une créance est-elle autre chose que la faculté de contraindre le débiteur à exécuter ce à quoi il s'est obligé envers nous?
L'usufruit, l'usage, les servitudes consistent-ils en autre chose que
dans la faculté, soit de percevoir les fruits d'une chose qui appartient à un autre, soit de se servir du fonds servant pour l'avantage
et l'utilité du fonds dominant? Enfin, la propriété elle-même, que
renferme-t-elle dans ses attributs, si ce n'est la faculté d'user de
la chose, d'en percevoir les fruits, d'en tirer toute l'utilité possible,
d'en disposer, de la posséder à l'exclusion de tout autre? Si c'est
de ces facultés-là que l'art. 2232 a voulu parler, il semble nécessaire de rayer de notre Code la prescription libératoire, l'extinction
de l'usufruit, de l'usage, des servitudes, par le non-usage ; enfin,
la prescription acquisitive elle-même. Voilà la conclusion logique
à laquelle nous arriverions, si nous ne voulions considérer qu'à la
surface la première partie de l'art. 2232. Pénétrons donc dans le
cœur de cette disposition et cherchons à découvrir le sens caché qui
s'y trouve renfermé.

153. Le mot *faculté* n'est point ici synonyme de droit, puisque
précisément on l'oppose à cette dernière expression, en disant qu'à
la différence des droits, les facultés ne se perdent pas par le non-
usage. Désigne-t-il les puissances premières, inhérentes à la nature
de l'homme, et, comme l'a dit un auteur, supérieures aux faits qui
les réalisent ? Qu'était-il besoin de consacrer l'imprescriptibilité de
la liberté et des facultés qui en constituent l'exercice? Ce qui semble démontrer que le législateur n'a point eu en vue ces puissances
premières de notre nature, c'est que le pouvoir de bâtir que tous
les jurisconsultes reconnaissent comme une faculté, est une fraction
du droit de propriété, et, par suite, n'a pris naissance que par
l'exercice d'une faculté première d'appropriation.

154. Pour savoir si un fait est l'expression d'un droit ou d'une
faculté, ce sont les circonstances au milieu desquelles ce fait aurait
pu se produire, qu'il faut interroger, et non point sa nature intrin-

sèque. Je m'explique. Si je possède mon fonds, je puis bâtir ou ne ne pas bâtir, à mon gré, sans danger de perdre ce pouvoir par mon abstention. Mais si mon héritage est possédé par un tiers, et que je ne revendique pas à temps, ma propriété sera prescrite, et avec elle mon pouvoir de bâtir qui en était un élément.

155. Au fond de toute cette théorie, je crois que voici l'idée bien simple qu'ont eue nos législateurs, en édictant l'art. 2232. Nous ne sommes tenus à exercer nos droits, sous peine d'en être privés, qu'autant que dans leur action ils rencontreraient la personne d'un tiers. Ce n'est qu'alors que notre inaction peut nuire à autrui. Par rapport aux droits réels, la circonstance dont nous parlons ne se rencontre pas toujours, c'est-à-dire que ces droits, dans leur action, ne rencontrent pas toujours la personne d'un tiers, et alors notre inaction ne nous prive pas, en général, de notre droit. En effet, le droit de propriété ne présente le rapport du propriétaire avec un tiers, qu'autant que ce tiers s'est emparé de la chose et la possède. C'est alors seulement que ce droit se perdra par l'inaction de celui qui en est investi. Il en est autrement des servitudes ; nous sommes continuellement en relation avec le propriétaire du fonds servant; aussi se perdent-elles par le non-usage.

156. En somme, l'intention du législateur a été celle-ci : pour que la prescription acquisitive coure contre le propriétaire, il ne suffit pas qu'il n'exerce pas son droit ; il faut que ce droit soit violé, exercé par une autre personne contre lui. Ne pas exercer son droit de propriété, quand un autre ne l'exerce pas, est un acte de pure faculté qui ne peut fonder contre nous aucune prescription.

157. D'après ce qui précède, on voit qu'une faculté peut devenir un droit à raison d'un changement dans les circonstances au milieu desquelles elle pourrait se produire. Les articles 641 et 642 nous en offrent un exemple frappant. Pendant de longues années, je laisse ma source couler sur le fonds voisin, puis je me décide un beau jour à la détourner ; mon voisin ne peut m'empêcher de retenir les eaux de cette source sur mon fonds ou d'en changer la direction, parce qu'il n'a pas possédé contre moi, et que mon droit n'a pas été violé. Mais supposons que mon voisin ait fait des ouvrages apparents destinés à faciliter la chute et le cours de l'eau dans sa propriété, cet acte a constitué une violation de mon droit, une

sorte de possession qui l'a conduit à l'acquisition de la servitude. La faculté que j'avais s'est transformée en un droit prescriptible, dès le moment où la jouissance indirecte que le voisin avait de ma source a pris le caractère d'une véritable possession.

158. L'art. 676 nous offre encore l'exemple d'un acte de pure faculté. Le propriétaire d'un mur non mitoyen, joignant immédiatement l'héritage d'autrui, peut pratiquer dans ce mur des jours ou fenêtres à fer maillé et verre dormant. Il n'a pas usé de ce droit pendant trente ans; rien ne l'empêche d'en user ensuite; c'était de sa part un acte de pure faculté; nul n'a possédé contre lui : pas de prescription possible.

Au contraire, si quelqu'un possède la chose dont je suis propriétaire, ce n'est plus une faculté pour moi d'agir ou de rester dans l'inaction, de revendiquer ou de ne pas revendiquer : au bout de trente ans, mon inaction me sera fatale ; on m'opposera victorieusement la prescription de la propriété de ma chose.

159. L'art. 2252, entendu ainsi que nous venons de l'expliquer, n'est point parfaitement rédigé. Il aurait dû s'exprimer ainsi : l'omission d'un acte de pure faculté ne peut engendrer de prescription contre celui qui en est l'auteur. Corrigée ainsi, la première partie de l'art. 2252 nous paraît rendre assez clairement la pensée du législateur.

Il est assez difficile de trouver, en dehors des servitudes non apparentes, des cas d'application de cette disposition. Aussi, peut-on dire que la première partie de l'art. 2252 n'est que la reproduction, sous une autre forme, de la disposition de l'art. 691, d'après laquelle les servitudes non apparentes ne peuvent s'acquérir par prescription.

160. Il me reste à faire une observation. Je ne crois pas que l'art. 2252, en parlant des actes de pure faculté, ait voulu se référer aux actes qu'il nous est permis de faire sur des choses dont la jouissance est publique ou communale, quoi qu'en ait dit Pothier, dans son Traité de la Vente. Ainsi entendue, la disposition de la loi n'aurait pas de sens raisonnable. Ces choses, en effet, ne sont pas susceptibles de prescription, et l'usage qu'on en fait n'est point un usage privatif de nature à rendre propriétaire celui qui l'exerce.

161. En dernière analyse, les actes de pure faculté sont ceux

qu'il nous est permis de faire sur notre propre chose. L'inaction du propriétaire, qui néglige de faire ces actes pendant trente ans, ne fonde point, au profit du propriétaire voisin, la prescription à l'effet d'acquérir le droit de s'opposer à ces actes pour l'avenir.

162. *Actes de simple tolérance.* — Les actes de simple tolérance sont ceux que l'on fait sous le bon vouloir et plaisir d'un autre, qui demeure le maître de les faire cesser quand il le trouve à propos (1); en un mot, ce sont de ces actes qu'un autre peut empêcher, mais qu'il supporte par familiarité et à titre de bon voisinage, à raison même du peu de préjudice qu'ils lui causent.

C'est sur ce motif qu'est fondée l'imprescriptibilité des servitudes discontinues et non sur une prétendue impossibilité de les posséder d'une manière continue. A raison du peu d'entrave qu'elles apportent à la jouissance du propriétaire, la loi n'y voit que le résultat des rapports d'amitié ou de bon voisinage. Il n'en est pas de même des servitudes continues qui, par leur nature, constituent un empiètement perpétuel.

163. La question de savoir si tel fait est un acte de tolérance ou un acte de maître est un point qui devra se décider d'après la nature du fait, sa gravité et ses diverses circonstances.

La tolérance se distingue du précaire : la précarité provient ordinairement d'un contrat qui crée entre les parties des relations personnelles pour la plupart du temps obligatoires de part et d'autre. La tolérance est l'œuvre du propriétaire qui peut la faire cesser à son gré.

164. Nous trouverions difficilement, en dehors des servitudes discontinues, des cas d'application de la disposition de l'art. 2252, relative aux actes de tolérance. Aussi peut-on dire que cette disposition est comme la consécration, sous une nouvelle forme, du principe déjà formulé dans l'art. 691, d'après lequel les servitudes discontinues ne peuvent s'acquérir par prescription. La loi a voulu maintenir les bons rapports entre propriétaires voisins ; elle a pensé que ces rapports seraient impossibles; que chacun se renfermerait dans sa propriété, si les servitudes discontinues pouvaient s'acquérir par prescription.

(1) Dunod (Preser., p. 80).

SECTION II.

165. Pour invoquer la prescription, il n'est pas nécessaire d'avoir possédé par soi-même ou ses représentants pendant tout le temps requis par la loi. L'art. 2235 décide, en effet, qu'on peut joindre à sa possession celle de son auteur, de celui auquel on a succédé à titre onéreux ou à titre gratuit. Il s'en faut de beaucoup que cet article, tel qu'il est rédigé, exprime exactement la pensée du législateur. A le prendre à la lettre, il n'y aurait aucune distinction à faire entre les successeurs particuliers et les successeurs universels. Mais il faut suppléer au silence du législateur sur ce point, et noter, entre ces deux classes de successeurs, une différence profonde dont nous trouvons la source dans le droit romain.

166. Le successeur universel représente son auteur pour tout l'ensemble de ses droits et obligations. Il continue donc sa possession ; il la prend telle qu'elle a existé dans ses mains, avec ses vices ou ses qualités. Il ne faut donc pas dire, comme la loi, qu'il peut joindre la possession de son auteur à la sienne ; il n'est pas libre d'accepter ou de répudier cette possession ; il faut nécessairement qu'il l'accepte et qu'il en subisse les conséquences avantageuses ou désavantageuses. La possession du successeur universel et celle de son auteur, quoique constituant en fait deux possessions distinctes, n'en font qu'une en droit, la possession de ce successeur n'étant que la continuation de celle de son auteur.

167. Pour le successeur particulier, au contraire, l'art. 2235 exprime parfaitement le principe qui préside à la jonction de la possession de son auteur à la sienne. En effet, la possession du successeur particulier et celle de son auteur sont deux possessions distinctes, indépendantes l'une de l'autre. L'une peut être vicieuse, l'autre ne l'être pas, et réciproquement. C'est alors qu'il peut y avoir jonction des deux possessions, et qu'il est vrai de dire que le successeur peut joindre à sa possession celle de son auteur. Le suc-

cesseur particulier, à la différence du successeur universel, a donc la faculté d'accepter ou de répudier la possession de son auteur ; il jouit de toute la liberté du choix, suivant son intérêt.

168. C'était la théorie romaine; c'était aussi celle de notre ancien droit ; et, quoiqu'elle ne soit pas en parfaite harmonie avec l'article 2235, elle ne laisse pas d'être applicable sous le Code. Personne n'a contesté cette doctrine ; elle n'a trouvé aucun contradicteur dans la discussion de notre titre, elle a même été formellement consacrée dans l'exposé des motifs de la loi. D'ailleurs le Code en fait lui-même une application frappante dans les art. 2257 et 2239. D'après ces articles, nous voyons les héritiers du détenteur précaire condamnés à conserver éternellement dans leurs mains la possession vicieuse de leur auteur, quand même, dans l'ignorance de la précarité du titre, ils posséderaient *animo domini*, tandis que les successeurs particuliers de ce détenteur peuvent commencer en leur personne une possession efficace pour la prescription. Il nous paraît donc incontestable que la différence doctrinale dont nous parlons est admise dans notre législation, et qu'elle résulte tant des anciens principes que des dispositions mêmes du Code Napoléon.

Ces principes posés, nous allons en déduire des conséquences pratiques fort importantes.

169. Si la possession du successeur universel n'est que la continuation de celle de son auteur, il en résulte que, pour déterminer les qualités de la première, c'est à l'origine de la seconde qu'il faut se reporter. D'après l'art. 2269, pour qu'une possession soit de bonne foi et autorise à prescrire par dix ou vingt ans, il faut que la bonne foi ait existé au commencement de la possession, et cela suffit. Le successeur universel, quand même il serait de mauvaise foi au moment où commence sa possession, aura l'avantage de pouvoir prescrire par dix ou vingt ans, si la possession de son auteur a été de bonne foi *ab initio*.

170. Mais il est des circonstances où sa position n'est plus aussi favorable. En suivant le même principe, supposons que l'auteur ait eu une détention précaire, le successeur universel, ne faisant que continuer cette détention, lors même qu'il a au plus haut degré l'*animus domini* et qu'il est de la meilleure foi du monde, ne pourra

jamais prescrire, parce qu'il n'aura jamais une possession utile. Si nous supposons que l'auteur a été de mauvaise foi à l'origine, le successeur universel ne pourra jamais commencer en sa personne une possession qui puisse le conduire à la prescription de dix ou vingt ans; il prescrira par trente ans, en joignant forcément à sa possession celle de son auteur.

Nous voyons par là que, si le successeur universel profite des avantages de la possession de son auteur, il en supporte aussi les inconvénients.

171. Si du successeur universel nous passons au successeur particulier, les résultats ne sont plus les mêmes, le principe est tout différent. La possession du successeur particulier et celle de son auteur ont chacune une existence propre.

Supposons que l'auteur ne prescrivait pas, parce qu'il était détenteur précaire, ce n'est pas une raison pour que le successeur particulier soit empêché de prescrire. Il pourra parfaitement commencer en sa personne une possession utile, c'est ce que décide formellement l'art. 2239. Il va sans dire qu'il ne pourra joindre à sa possession la détention précaire de son auteur.

Si l'auteur et le successeur particulier sont tous deux de mauvaise foi, celui-ci prescrira par trente ans, en joignant à sa possession celle de son auteur.

Si, au contraire, ils sont tous deux de bonne foi, le successeur particulier prescrira par dix ou vingt ans, en joignant la possession de son auteur à la sienne.

Mais si l'auteur est de mauvaise foi, et le successeur particulier de bonne foi, comment réglerons-nous la position de ce dernier par rapport à la prescription? Il est certain que le successeur, à cause de sa bonne foi, commence en sa personne une possession privilégiée pour laquelle la loi abrège les délais et qui, aux termes de l'art. 2265, conduit à la prescription par dix ou vingt ans. Mais, pour jouir de ce privilège, le successeur ne pourra se servir de la possession de son auteur, il devra posséder lui-même dix ou vingt ans. Il peut se faire cependant qu'il ait intérêt à joindre à sa possession celle de son auteur. Supposons que l'auteur ait possédé vingt-cinq ans, comme il ne reste plus que cinq ans pour accomplir le temps de la prescription, le successeur pourra invoquer la possession de son auteur, à la condition de ne faire valoir en justice que la prescription de trente ans.

Si nous supposons maintenant l'auteur de bonne foi et le successeur particulier de mauvaise foi, ce dernier ne pourra prescrire que par trente ans, en joignant à sa possession le temps pendant lequel son auteur a possédé lui-même. Dans la même hypothèse, le successeur universel aurait pu prescrire par dix ou vingt ans.

172. L'accession des possessions ne peut avoir lieu qu'autant qu'il existe entre l'ancien et le nouveau possesseur une relation juridique d'auteur à ayant-cause. Mais quand cette relation existe-t-elle? C'est le point important à connaître, et il est assez délicat. Pothier donnait de l'auteur la définition suivante : « Auctor dicitur is a quo rem acceperis vel ex ultima voluntate, vel ex aliquo negotio quod cum illo habueris, » Ainsi, d'après Pothier, l'auteur est celui de qui on tient la chose, celui qui nous l'a transmise. Il nous semble que cette définition n'est pas assez large, qu'elle n'embrasse pas tous les cas.

173. Ecartons d'abord ce qui ne fait pas difficulté. Le *de cujus* est auteur par rapport à son héritier, le testateur par rapport au légataire, le vendeur par rapport à l'acheteur, le donateur par rapport au donataire. Dans ces différents cas, la définition rapportée plus haut est exacte, puisqu'il y a réellement transmission d'une personne à une autre.

Mais il y a des hypothèses où la relation d'auteur à ayant-cause est moins caractérisée, et où la définition de Pothier fait défaut, parce qu'elle est trop restreinte. Il faut nécessairement élargir cette définition et dire que l'auteur est celui à qui le possesseur actuel a légalement et régulièrement succédé dans la possession. Il n'est pas nécessaire que l'auteur ait transmis lui-même la chose par acte de dernière volonté ou par contrat ; il suffit que le possesseur actuel lui ait succédé d'une manière légale et en vertu d'un événement juridique. L'art. 2235 commande cette interprétation par la généralité même de ses termes.

174. Parcourons quelques hypothèses. Une vente ou autre aliénation peut se trouver résolue par une cause quelconque , rescision pour lésion, événement d'une condition, exercice du réméré, défaut d'exécution du contrat par l'une des parties ; elle est considérée en

ment n'établit pas entre eux une relation juridique, qui fait du dernier le successeur du premier? Est-ce que Primus ne succède pas très légitimement à Secundus, par une cause on ne peut plus favorable?

N'est-il pas intervenu entre eux une sorte de contrat judiciaire? On ne contesterait pas notre solution, si, au lieu d'un jugement, une transaction était intervenue. Nous ne voyons pas pourquoi le jugement n'aurait pas les mêmes effets. Cette opinion était enseignée par Dunod (p. 20), et c'est dans cet auteur que les rédacteurs du Code ont puisé l'art. 2235.

Nous maintenons donc que celui qui, après avoir été dépossédé pendant plus d'une année, rentre en possession en vertu d'un jugement rendu au pétitoire, peut joindre à sa possession celle de son adversaire, sans qu'il y ait à distinguer si le précédent possesseur était de bonne ou de mauvaise foi.

CHAPITRE II.

DU TEMPS REQUIS POUR PRESCRIRE.

178. La seconde condition de toute prescription, c'est le laps de temps. Cette condition est nécessaire surtout dans la prescription acquisitive, où il peut s'agir de déplacer la propriété, de la faire passer de la tête d'une personne sur celle d'une autre. Aussi voit-on toutes les prescriptions acquisitives ne s'accomplir qu'au bout d'un temps considérable. Les conditions de temps peuvent varier dans la prescription acquisitive à raison de certaines considérations de faveur, qui militent pour le possesseur; c'est ce que nous verrons plus tard. Nous n'avons à examiner ici que le mode de calcul consacré par la loi en matière de prescription.

179. L'art. 2260 nous dit que la prescription se compte par jours et non par heures. Il résulte de cette disposition qu'il n'est jamais nécessaire de rechercher l'heure à laquelle a commencé la possession. La loi a voulu éviter les nombreuses difficultés qu'aurait

soulevées la question de savoir avec précision à quel moment du jour doit se placer l'origine de la prescription. Les jours se comptent de minuit à minuit. Ainsi, ce n'est pas tant de fois vingt-quatre heures que la loi demande, mais tant de jours entiers, qu'on appelle jours civils, par opposition aux jours naturels, qui commencent au lever du soleil et finissent à son coucher.

180. Cela posé, comme il est très rare qu'un acte juridique commence exactement à minuit, on a dû se demander, en supposant que la possession d'un immeuble commence après minuit, s'il fallait tenir compte de la fraction du jour auquel se place l'origine de la possession. Ainsi, par exemple, la possession d'un immeuble a commencé à deux heures après midi, le premier janvier 1820. Faudra-t-il compter la fraction de jour du premier janvier, ou bien en faire abstraction? En d'autres termes, faut-il compter ou non dans le temps de la prescription, le *dies a quo*?

181. Cette question n'a pas été tranchée directement par la loi. De là des controverses. Un premier système compte le *dies a quo* tout entier aussi bien dans la prescription libératoire que dans la prescription acquisitive, et il en donne pour raison que le possesseur ou le débiteur a pu être interpellé ce jour-là.

Un second système distingue entre la prescription libératoire et la prescription acquisitive; il rejette le *dies a quo* tout entier dans la première, et le compte, au contraire, tout entier dans la seconde. Les auteurs qui admettent ce système fondent leur distinction sur les raisons suivantes. En matière de prescription acquisitive, disent-ils, le possesseur qui a commencé la prescription à la dernière heure du jour, a réellement possédé ce jour-là, et, comme la prescription se compte par jours et non par heures, le *dies a quo* doit lui être compté en entier. Dans la prescription libératoire, au contraire, le créancier ne peut poursuivre son débiteur le jour de l'échéance de la dette, puisque ce jour appartient en entier à ce dernier; la prescription ne peut donc commencer que le lendemain, et le *dies a quo* doit être rejeté en entier.

182. Nous ne saurions admettre ces décisions. Il nous semble que la pensée de la loi ressort suffisamment de la combinaison des art. 2260 et 2261. Il est bon d'observer que ces deux articles n'en faisaient qu'un avant la révision du Code en 1807. L'ancien arti-

cle 2261, qui se référait au calendrier républicain, ayant été effacé pour mettre le Code en harmonie avec le rétablissement du calendrier grégorien, on dédoubla l'art. 2260, afin de conserver l'ordre des numéros. Cela dit, pourquoi le législateur avait-il édicté l'article 2260, aujourd'hui divisé en deux ? C'était pour répondre à une question qui avait soulevé des controverses dans l'ancienne jurisprudence.

183. A Rome, et dans notre ancien droit, on s'était posé la question de savoir s'il suffisait qu'un moment quelconque du dernier jour du délai fût écoulé, pour que la prescription fût acquise, et on avait distingué entre la prescription acquisitive et la prescription libératoire. Pour la première, il suffisait que le dernier jour eût commencé; pour la seconde, on exigeait que le dernier jour du terme fût entièrement écoulé. Pothier donne pour raison de cette différence, que la prescription étant une peine contre le créancier, on a dû se montrer sévère, tandis que l'usucapion étant une faveur pour le possesseur, il fallait se montrer plus indulgent. Que la raison de Pothier soit vraie ou non, toujours est il qu'elle ne nous paraît pas très-solide, et que le Code a bien fait de rejeter cette distinction, en décidant formellement que la prescription n'est acquise, dans tous les cas, que lorsque le dernier jour du terme est accompli. C'est là la seule question que les rédacteurs du Code eurent à trancher, et ils le firent de manière à prévenir toutes les contestations.

184. Si le *dies ad quem*, le dernier jour du terme, doit être accompli entièrement, n'en doit-il pas être de même du *dies a quo* ? Evidemment, et nous croyons qu'il y a même un *a fortiori*, pour le décider ainsi. En effet, dans notre ancien droit, après quelques controverses, on en était arrivé à admettre uniformément que le premier jour du terme devait être un jour entier. Nous en trouvons une preuve dans la manière dont nos coutumes calculaient le temps de la possession nécessaire à l'exercice des actions possessoires. Les unes ne comptaient pas le *dies a quo*, et alors elles exigeaient simplement une année de possession ; les autres le comptaient, mais aussi elles ajoutaient un jour à l'année, et exigeaient une possession de l'an et jour. Dumoulin, dès le seizième siècle, s'exprimait ainsi sur ce point : *Dies a quo præfigitur ter-*

minus non computatur in termino...,ita semper vidi communiter observari. (Paris, art. 10, n° 2.)

Le Code a-t-il voulu changer cette pratique constante de l'ancien droit? Nous ne pouvons le croire; s'il s'est expliqué formellement pour le *dies ad quem*, c'est qu'il avait existé, quant à lui, des distinctions qu'il n'a pas voulu admettre. S'il n'a rien dit du *dies a quo*, s'il n'a pas porté pour lui de règle différente, c'est qu'il a voulu suivre le mode de calcul de l'ancien droit. Remarquons, d'ailleurs, que le silence de la loi ne saurait donner à une fraction de jour la valeur d'une journée entière. Enfin, le système que nous combattons conduit à un résultat bizarre. En effet, d'après lui, la personne qui a pris possession d'un immeuble le 1er janvier, à deux heures après midi, voit courir à son profit la prescription acquisitive dès le commencement de ce jour, quoique cette prescription ne soit basée que sur la possession, et que pendant les quatorze premières heures de ce jour il n'y ait pas eu l'ombre d'une possession.

185. En résumé, donc, la prescription se compte par jours ordinaires allant de minuit à minuit; on ne s'occupe pas des fractions du premier jour, et il faut nécessairement que le dernier jour du terme soit accompli. Ainsi, dans l'exemple rapporté ci-dessus, la personne dont la possession a commencé à deux heures après midi, le 1er janvier 1820, n'a commencé à prescrire que le 2 janvier à la première heure du jour, et, si nous la supposons de mauvaise foi, n'a pu acquérir la prescription qu'à la dernière heure du 1er janvier 1830.

Après avoir vu le mode de calcul employé par la loi par rapport aux délais de la prescription, nous devons nous occuper de deux circonstances importantes qui viennent modifier d'une manière considérable la durée et le temps de la prescription ; nous voulons parler de l'interruption et de la suspension qui vont trouver leur place dans deux sections distinctes. Observons une fois pour toutes que nous n'avons à examiner les effets de l'interruption ou de la suspension qu'au point de vue de la prescription acquisitive.

SECTION PREMIÈRE.

De l'interruption.

186. L'interruption diffère profondément de la suspension. En

9

effet, l'interruption brise et met à néant la prescription qui était en voie de s'accomplir, elle efface complétement le temps qui a couru antérieurement. La suspension, au contraire, est un temps d'arrêt, lequel, en empêchant seulement la prescription de continuer tant que la suspension durera, laisse pleinement efficace la partie précédemment acquise de cette prescription.

Ainsi, par exemple, un propriétaire est resté dans l'inaction pendant 29 ans ; le possesseur de mauvaise foi n'a plus qu'un an pour acquérir la prescription de l'immeuble dont il jouit ; une cause d'interruption survient, les 29 ans de possession sont effacés, et une prescription nouvelle recommence. Au contraire, le même possesseur détient un immeuble à l'encontre d'un majeur pendant 29 ans ; celui-ci meurt en laissant un héritier mineur, la prescription est suspendue, jusqu'à ce que le mineur atteigne sa majorité. Mais à ce moment la prescription reprend son cours, les 29 ans qui ont couru avant la suspension seront utiles, et il suffira d'une année de possession pour que la prescription soit consommée.

Il existe deux espèces d'interruption, l'interruption naturelle et l'interruption civile (art. 2242).

187. L'interruption naturelle résulte d'une cause physique et matérielle qui vient faire cesser la possession de celui qui prescrivait. La prescription est interrompue naturellement, nous dit l'art. 2243, lorsque le possesseur est privé pendant plus d'un an de la jouissance de la chose, soit par l'ancien propriétaire, soit même par un tiers. Mais remarquons bien que l'abstention du possesseur privé de la chose ne suffirait pas à elle seule pour produire l'interruption ; il faut que quelqu'un possède contre lui pendant plus d'une année. Le possesseur dépouillé peut même se faire réintégrer dans l'année par l'exercice de l'action possessoire. Ce sont là des conséquences du principe d'après lequel la possession se conserve *animo solo.*

188. Nous avons déjà observé plus haut que, dans le cas d'interruption naturelle, la prescription ne se trouve interrompue, pour ainsi dire, que par le contre-coup de l'interruption de la possession elle-même. Il résulte de là que l'interruption naturelle produit des effets absolus, parce qu'elle vient anéantir l'élément essentiel de la prescription acquisitive, la possession, tandis que l'interruption ci-

vile, ne portant aucune atteinte à la possession, ne produit que des effets relatifs.

Nous trouvons une preuve des effets absolus de l'interruption naturelle dans l'art. 2243 lui-même. Cet article décide, en effet, qu'il y a interruption naturelle toutes les fois que le possesseur est privé de la jouissance de la chose par une personne quelconque, que ce soit par le propriétaire ou par un tiers, peu importe. C'est ce que décidaient les jurisconsultes romains, notamment Gaïus, dans la loi 5, au Dig., *de usurp. et usucap.*

189. Il y a encore interruption naturelle, quand la chose possédée, de prescriptible qu'elle était, devient imprescriptible. Mais il faut pour cela que la chose soit mise hors du commerce d'une manière absolue et non point seulement en considération de la personne du propriétaire. Dans ce dernier cas, il n'y a point interruption, comme nous le prouve l'art. 1561, par rapport aux immeubles dotaux.

190. Y a-t-il interruption naturelle quand le possesseur abdique purement et simplement la possession, quand il a l'*animus non possidendi?* D'après l'opinion la plus générale, il y a, en ce cas, discontinuité, et non pas interruption, de la possession. Quoi qu'il en soit, le résultat de cette abdication est instantané, elle efface le temps qui à couru et le rend complètement inutile pour la prescription.

191. Dans les différents cas d'interruption naturelle, l'ancienne possession est définitivement perdue, et le possesseur qui reprend la chose commence une possession nouvelle et une nouvelle prescription. Est-ce à dire cependant qu'on fera complètement abstraction des faits qui ont présidé à la première possession? Non certainement. Quoique l'ancienne possession et la nouvelle constituent deux possessions distinctes, indépendantes l'une et l'autre, on admet unanimement que le titre qui accompagnait la possession perdue réagira sur la possession reprise à nouveau. Le possesseur est considéré comme recommençant à posséder la chose en vertu du même titre qui fondait sa première possession : *interruptio nihil facit contra titulum.* Possédait-il en vertu d'un juste titre, il recommence une possession avec juste titre.

192. En sera-t-il de même en ce qui concerne la bonne foi? La bonne foi, qui a présidé à l'origine de la possession aujourd'hui perdue, persistera-t-elle dans la possession reprise ensuite, quoi-

que celle-ci commence de mauvaise foi ? Non, car la bonne foi de la première possession n'autorise pas à considérer la seconde comme étant aussi de bonne foi ; on ne peut appliquer ici cet adage : *mala fides superveniens non impedit usucapionem*. Cet adage ne s'applique qu'au cas où la mauvaise foi survient dans le cours d'une seule et unique possession. Dans l'hypothèse précitée, il n'y a pas unité de possession, mais bien deux possessions séparées. La seconde possession doit être accompagnée de bonne foi *ab initio* pour conduire à la prescription décennale.

193. Dans tous les cas, la seconde possession pourra conduire à la prescription, en supposant, bien entendu, qu'elle ait toutes les qualités requises par l'art. 2229. Mais l'effet rétroactif de la prescription ne remontera qu'au jour où a pris naissance la seconde possession. Ce fait peut présenter de l'intérêt pour l'application de l'art. 1402, en matière de communauté légale. Ainsi, un époux possédait un immeuble avant le mariage ; s'il avait continué à le posséder pendant dix ans, il l'aurait acquis par prescription, et, la propriété rétroagissant à l'origine de la possession, l'immeuble lui fût resté propre. Mais les faits se passent autrement. Une cause d'interruption naturelle survient, puis une nouvelle possession recommence *durante matrimonio*, et la prescription s'accomplit. Il y a un intérêt évident à reconnaître que la propriété de l'immeuble rétroagit à l'origine de la seconde possession et non de la première, car alors l'immeuble tombera en communauté comme bien acquis pendant le mariage.

194. Nous avons dit que, pour qu'il y ait interruption naturelle, il faut que la privation de jouissance soit causée par un autre possesseur. Il résulte de là, et l'article 2243 confirme cette interprétation, que l'interruption naturelle ne saurait résulter d'une force majeure, et qu'il faut se garder de transporter, dans notre droit, le principe des lois romaines, en vertu duquel on perdait la possession des héritages que venait couvrir une inondation. Les anciens auteurs, entre autres Dunod (p. 54), admettaient l'interruption quand l'inondation avait duré une année. La cour de Grenoble avait proposé de consacrer cette opinion dans le Code ; mais le législateur n'a pas eu égard à cette proposition, et avec raison, puisque l'inondation ou tout autre cas de force majeure n'est point une posses-

sion nouvelle, et que la possession se conserve *animo solo*, tant qu'une autre personne ne vient pas réunir le fait et l'intention.

195. L'interruption civile résulte de cinq causes différentes énumérées dans les art. 2244, 2245 et 2248. Ces causes sont la demande en justice, le commandement, la saisie, la citation en conciliation, la reconnaissance émanée de celui qui prescrit.

Nous avons déjà remarqué que les causes d'interruption civile, appliquées à la prescription acquisitive, n'interrompent pas la possession et n'ont qu'un effet relatif à la différence de l'interruption naturelle dont l'effet est absolu, parce qu'elle anéantit la possession. L'interruption civile ne peut profiter qu'à celui qui a fait l'interpellation ou dont le prescrivant a reconnu le droit. C'est une application du principe, que les actes judiciaires, de même que les conventions, ne nuisent ni ne profitent aux tiers.

196. *De la demande en justice.* — La demande en justice est la première cause d'interruption civile de la prescription. La loi dit *une citation en justice*, mais il faut généraliser son expression. Il est certain, en effet, que toute demande en justice, qu'elle soit formée par citation ou autrement, interrompt la prescription. Les demandes reconventionnelles, quoique se formant sans citation, interrompront la prescription. En un mot, tout acte par lequel on somme son adversaire de comparaître en justice, ou d'y rester lorsqu'il y est déjà, est un acte interruptif de prescription.

La demande en justice interrompt la prescription, non seulement pour le temps antérieur, mais aussi pour tout le temps que durera l'instance : « Actiones quæ tempore pereunt, semel inclusæ judicio, salvæ permanent. »

197. En droit romain, la *litis contestatio* interrompait bien la *prescriptio longi temporis*, mais non l'*usucapion*. La doctrine romaine, par rapport à l'usucapion, peut se défendre dans une législation raisonnable. En effet, quand le possesseur avait usucapé la chose dans le cours de l'instance, il n'en résultait pas qu'il fût dispensé de la restituer. On appliquait ce principe que le demandeur devait être mis en l'état où il aurait été, si on lui avait rendu justice au moment de la demande, et le défendeur était condamné à lui retransférer la propriété de la chose. Tout l'intérêt de la question concernait les tiers qui avaient acquis sur la chose des droits

réels du chef du possesseur. Ces droits réels étaient maintenus, parce qu'ils avaient été constitués *a domino*, et alors le juge condamnait le défendeur non plus à la restitution de la chose, mais à des dommages-intérêts. Le Code n'a pas admis cette doctrine; il a préféré le propriétaire aux tiers que le droit romain avait, au contraire, jugés plus dignes de faveur.

La demande en justice est interruptive de la prescription, même lorsqu'elle est formée devant un juge incompétent (art. 2246). Cette disposition est fondée sur les difficultés que présentent les questions de compétence. La loi ne distingue pas entre l'incompétence *ratione personæ* et l'incompétence *ratione materiæ*.

198. Il est diverses circonstances qui viennent dépouiller la demande en justice de sa vertu interruptive. L'interruption, formée par la demande judiciaire, n'est que conditionnelle; elle est subordonnée au résultat ultérieur de la demande. L'art. 2247 nous dit que l'interruption est regardée comme non avenue, si l'assignation est nulle pour défaut de forme, si le demandeur se désiste de sa demande, s'il laisse périmer l'instance, ou si sa demande est rejetée.

199. On a lieu de s'étonner de la rigueur avec laquelle le législateur traite l'assignation nulle pour vice de forme, en présence de l'excessive indulgence qu'il montre à l'égard de la demande formée devant un juge incompétent. Quoi qu'il en soit, la loi est formelle; l'assignation, annulée pour vice de forme, ne saurait conserver sa force interruptive.

200. Le désistement rend aussi l'interruption sans effet. Il est évident qu'il ne peut s'agir ici du désistement portant sur le droit lui-même, mais uniquement du désistement portant sur l'instance. Quand le désistement porte sur le droit lui-même, il ne saurait être question d'interruption ou de non-interruption de prescription, puisque l'abandon du droit laisse au possesseur la propriété même de la chose, et qu'alors la prescription n'a plus d'objet. On comprend très bien, au contraire, que le désistement de l'instance efface l'interruption civile, puisqu'il a pour effet d'anéantir l'instance et, par suite, l'acte qui l'a introduite et l'interruption qui en résulte.

201. L'effet interruptif de la demande est encore non avenu, quand il y a péremption de l'instance par la discontinuation des poursuites pendant trois ans ou trois ans et demi, suivant les cas.

L'instance est anéantie y compris l'exploit d'ajournement et avec eux l'interruption de la prescription (art. 397-401 C. pr.).

202. Enfin, le rejet de la demande est la quatrième circonstance qui fait disparaître l'interruption résultant de la demande judiciaire. Il est assez difficile d'expliquer cette disposition. En effet, si le jugement rendu est négatif du droit du demandeur, qu'est-il besoin de savoir s'il y a eu ou non interruption de prescription, puisque le défendeur est maintenant propriétaire et qu'il a pour lui l'autorité de la chose jugée. Il me semble que cette quatrième circonstance ne peut avoir d'effet en matière de prescription acquisitive; elle ne présente de l'utilité que dans la prescription libératoire, lorsque la demande a pour effet d'interrompre la prescription pour ou contre certaines personnes par ou contre lesquelles l'autorité de la chose jugée ne peut être invoquée; c'est ce qui arrive pour les dettes solidaires ou indivisibles.

203. *Commandement.* La seconde cause d'interruption civile de la prescription, c'est le commandement (art. 2244). Le commandement est un acte par lequel une personne commande, par ministère d'huissier, à une autre personne d'exécuter, soit un jugement, soit une obligation souscrite dans un acte exécutoire, en lui déclarant qu'à défaut d'exécution elle y sera contrainte par les voies légales. Il contient toujours copie du titre exécutoire, à la différence de la simple sommation qui ne reproduit pas la teneur du titre et qui n'est pas nécessairement appuyée sur un acte exécutoire.

Le commandement est, sous un rapport, plus puissant et plus énergique que la demande en justice elle-même. Celle-ci, en effet, se périme au bout de trois ans ou trois ans et demi, suivant les cas; le commandement, au contraire, ne tombe pas en péremption, parce qu'il n'est pas un acte judiciaire; il ne saurait s'éteindre que par la prescription de trente ans. Mais, sous un autre rapport, le commandement est moins efficace que la demande en justice; car cette dernière maintient l'interruption pendant toute la durée de l'instance, d'après la maxime : *actiones quæ tempore pereunt, semel inclusæ judicio, salvæ permanent,* tandis que le commandement, après avoir effacé le temps antérieur, laisse recommencer immédiatement une prescription nouvelle.

204. On dit communément que le commandement étant le pré-

liminaire de la saisie, laquelle no peut ètre pratiquée qu'en matière
de dettes de sommes d'argent, n'est pas un moyen d'interrompre
la prescription acquisitive. Sans doute le commandement aura le
plus souvent trait à la prescription libératoire ; mais on peut citer
des cas où le commandement est interruptif de la prescription acquisitive.

Ainsi, j'ai loué une terre à un fermier par acte notarié. Le fermier intervertit son titre et commence à prescrire contre moi. Je
lui signifie un commandement pour le contraindre à remplir les
obligations résultant du bail ; ce commandement interrompra la
prescription acquisitive qui avait commencé à courir contre moi.

L'art. 2061, C. N., en offre un autre exemple. Le commandement de délaisser un immeuble, dont la restitution a été ordonnée
par justice, constitue une interruption civile vis-à vis du possesseur.
Il en est de même du commandement de payer les dommages-intérêts adjugés par jugement, et que le défendeur a encourus en refusant de délaisser l'immeuble à la restitution duquel il avait été
condamné.

205. Nous avons dit tout à l'heure qu'aussitôt après le commandement une prescription nouvelle peut recommencer. Mais de
quelle durée sera cette nouvelle prescription? Des personnes ont
soutenu qu'elle serait toujours de trente ans, parce que le commandement a pour effet, sinon d'agir contre le titre, du moins de
constituer le possesseur de mauvaise foi.

Nous n'admettons pas cette décision. Supposons, en effet, qu'un
fermier ait loué un fonds par acte authentique, et qu'il ait ensuite
interverti son titre par une cause venant d'un tiers, en achetant le
fonds loué d'une personne qu'il regarde à tort comme propriétaire.
Le fermier devient alors possesseur avec juste titre et bonne foi, et
commence contre son bailleur une prescription de 10 ou 20 ans.
Celui-ci fait signifier à son fermier un commandement, pour qu'il
ait à exécuter les obligations du contrat de bail ; la prescription est
interrompue civilement. Mais, le commandement ne détruisant
pas le juste titre et ne constituant pas nécessairement le possesseur
de mauvaise foi, le fermier pourra recommencer une prescription
dont la durée sera de dix ou vingt ans.

206. On prétend que, dans ce cas, le fermier devient de mau-

vaise foi; mais nous ne croyons pas qu'il en soit ainsi. Voici pourquoi : la loi n'exige pas la bonne foi au moment où la prescription commence, mais bien à celui où commence la possession : ce qui est différent. Or, l'interruption, produite par le commandement, a bien agi sur la prescription, mais non sur la possession. La possession du fermier a été de bonne foi à son origine, à l'époque de l'interversion du titre, cela suffit d'après l'art. 2269. Le fermier, à partir du commandement, prescrira par dix ou vingt ans.

207. *Saisie.* — La troisième cause d'interruption civile de la prescription, c'est la saisie (art. 2244). La saisie est un acte d'exécution sur les biens ou sur la personne du débiteur. On ne voit pas bien, au premier abord, pourquoi la loi indique la saisie comme cause interruptive de prescription, puisqu'elle est ordinairement précédée d'un commandement qui a interrompu lui-même la prescription. Mais il faut remarquer que la force interruptive de la saisie est utile, parce que le commandement n'interrompt la prescription que pour le passé, et qu'ainsi la saisie renouvelle l'interruption pour tout le temps qui a pu courir entre le commandement et cette saisie.

Pour appliquer à la prescription acquisitive la troisième cause d'interruption civile, il faut supposer une saisie pratiquée contre le possesseur, en vertu d'une condamnation à des dommages-intérêts prononcée par le jugement qui lui ordonne de délaisser l'immeuble qu'il détient, ou bien encore une saisie pratiquée contre un fermier qui a interverti son titre pour le forcer à l'exécution du bail. En un mot, la saisie sera interruptive de la prescription acquisitive dans tous les cas où le commandement le sera lui-même.

208. *Citation en conciliation.* — L'art. 2245 indique comme quatrième cause d'interruption civile la citation en conciliation. Dans les cas où la loi l'exige comme le préliminaire de la demande en justice, si la citation en conciliation n'interrompait pas la prescription, une personne aurait pu se voir dans l'impossibilité d'empêcher la réalisation d'une prescription qui n'avait plus que quelques jours à courir pour être acquise. Il était nécessaire de donner, en ce cas, à la citation, une force interruptive. Mais la citation en conciliation n'interrompt la prescription qu'à la condition d'être suivie dans le mois d'une demande en justice.

209. On s'est demandé si la citation en conciliation interrompt la prescription, quand elle a lieu dans les cas où la loi ne l'exige pas. Il existe trois opinions différentes sur cette question. Des personnes admettent la négative d'une manière absolue, parce que le motif pour lequel la loi a donné à la citation une vertu interruptive ne se rencontre plus dans ces cas. D'autres distinguent si l'affaire est ou non susceptible de se terminer par une transaction. Dans le premier cas, la citation est interruptive, parce qu'elle n'est pas frustratoire; dans le second cas, au contraire, la citation est frustratoire et ne saurait avoir d'effet interruptif.

Enfin une troisième opinion décide que la citation en conciliation interrompt la prescription dans toutes les hypothèses possibles. C'est cette dernière opinion que nous admettons. Il suffit, en effet, de bien se convaincre de l'esprit qui a présidé à la disposition de l'art. 2246. Le législateur a voulu, d'après cet article, que la demande en justice, nulle pour incompétence, fût néanmoins interruptive de prescription, parce que les questions de compétence sont souvent délicates, et que les meilleurs esprits peuvent quelquefois s'y tromper. Eh! bien, nous trouvons une grande analogie entre la citation donnée dans une affaire dispensée du préliminaire de conciliation et la demande portée devant un juge incompétent. La question de savoir si telle affaire est soumise ou non au préliminaire de conciliation, est aussi difficile à résoudre que les questions de compétence. De plus, nous ne voyons dans l'espèce qu'une erreur de compétence. Le demandeur n'a pas bien choisi le tribunal devant lequel il devait agir. Or, la nullité pour incompétence n'empêche pas l'effet interruptif (art. 2246).

210. Une autre question s'élève en cette matière. Il s'agit de savoir si la comparution volontaire des parties devant le bureau de paix équivaut à la citation, et interrompt comme elle la prescription. Nous n'hésitons pas à répondre affirmativement. La citation en conciliation n'a d'autre but que la comparution des parties. Quand cette comparution est volontaire, on évite les frais de la citation. Il faut donc considérer l'art. 2245 comme se complétant par l'art. 48 C. pr., qui met sur la même ligne la comparution volontaire et la citation.

Nous ne saurions appliquer cette solution à l'avertissement que le juge de paix donne aux parties, dans les cas qui ne requièrent pas célérité, en vertu de l'art. 17 de la loi du 25 mai 1838, parce que cet avertissement se donne par une simple lettre dont rien ne constate authentiquement la réception.

211. *Reconnaissance.*—La cinquième et dernière cause d'interruption civile de la prescription acquisitive, c'est la reconnaissance que le possesseur fait du droit de celui contre lequel il prescrit (art. 2248).

C'est ici qu'on peut se demander la différence qui existe entre la reconnaissance et la renonciation à la prescription acquise. Voici en quoi elle consiste. La renonciation à la prescription acquise n'a qu'un effet relatif, restreint à la personne du possesseur dont elle émane; la reconnaissance du droit du propriétaire interrompt la prescription non seulement contre le possesseur, mais aussi contre ceux à qui il a concédé sur la chose des droits réels non susceptibles de prescription; elle n'a point d'effet contre ceux qui ont reçu de lui des droits réels susceptibles d'être acquis par prescription, parce que les cessionnaires de ces droits prescrivent de leur chef.

Ainsi la reconnaissance du droit du propriétaire a un effet absolu; tandis que la renonciation à la prescription acquise n'a qu'un effet limité à celui qui l'a faite.

212. La reconnaissance est expresse ou tacite (art. 2221). Elle peut résulter d'un acte, soit authentique, soit sous seing-privé, soit même d'une simple lettre missive ou d'une déclaration verbale. Dans ce dernier cas, la reconnaissance pourra être prouvée par témoins, si l'intérêt du propriétaire ne dépasse pas cent cinquante francs, et, dans le cas contraire, s'il y a commencement de preuve par écrit (art. 1341, 1347).

Nous pensons, toutefois, que le demandeur pourrait déférer le serment à son adversaire sur le fait de la reconnaissance, sans contrevenir en rien à la défense générale que fait la loi de déférer le serment à ceux qui invoquent la prescription (art. 2275). La défense de la loi ne s'adresse qu'à celui qui, reconnaissant l'accomplissement de la prescription, voudrait que son adversaire jurât qu'il est bien et loyalement propriétaire du bien ; or, ici il s'agit de savoir précisément si la prescription est acquise ou ne l'est pas; ce qui n'est nullement la même chose.

Quant à la reconnaissance tacite, elle résultera de certaines circonstances dont les tribunaux seront appréciateurs souverains.

213. Le possesseur, qui a reconnu le droit du propriétaire, recommence une nouvelle prescription. Si ce possesseur, avant la reconnaissance, prescrivait par dix ou vingt ans, pourra-t-il recommencer une prescription de même durée? Nous le croyons, et nous n'admettons pas l'opinion de ceux qui disent que la reconnaissance du possesseur implique de sa part l'abandon de son juste titre. Nous ne voyons rien, dans le Code, qui nous conduise à cette conséquence. Nous maintenons donc qu'après la reconnaissance, comme après le commandement, une prescription nouvelle recommence, laquelle conservera les caractères que présentait l'ancienne et s'accomplira par le même laps de temps.

Observons, en terminant, que le possesseur qui reconnaît le droit du propriétaire se constitue le plus souvent détenteur précaire, parce que la possession, qu'il conserve après cette reconnaissance, est presque toujours l'effet d'une concession que le propriétaire peut révoquer à sa volonté.

Section II.

De la suspension.

214. La suspension, nous l'avons déjà dit, laisse subsister le temps passé, à la différence de l'interruption qui l'efface et le rend non avenu. La prescription, quand une cause de suspension vient agir sur elle, est comme une chaîne rompue dont on peut rattacher les anneaux. En un mot, la suspension est un point d'arrêt qui sépare en deux parties le temps qui la précède et le temps qui la suit.

L'art. 2251 pose en règle générale que la prescription court contre toutes personnes, à moins qu'elles ne soient dans quelque exception établie par une loi.

Tout le monde sait à combien de difficultés avait donné lieu, dans notre ancien droit, la maxime *Contra non valentem agere non currit præscriptio.* Les docteurs l'avaient appliquée d'une manière si large et si arbitraire, que la prescription menaçait de n'être plus qu'un vain mot, une théorie sans réalité pratique.

Le Code est venu remédier à ces abus, en formulant une règle générale dont il n'est plus permis de s'écarter, et qui ne laisse au jurisconsulte aucune faculté d'interprétation.

Ainsi, malgré toutes les raisons que certaines personnes ont déduites pour soutenir que le législateur a entendu maintenir dans le Code cette maxime si fertile en disputes, nous croyons qu'il n'y aura de causes de suspension de la prescription que celles qui auront été expressément consacrées par un texte positif.

L'art. 2251 est trop absolu dans ses termes ; il est conçu d'une manière trop limitative ; les abus, que la maxime ancienne avait produits, étaient trop présents à l'esprit de nos législateurs pour qu'il soit permis un instant d'échapper à la nécessité de proclamer la proscription de cette maxime.

215. On a dit que l'abrogation de la règle *Contra non valentem agere*, etc., conduirait à des résultats trop désastreux pour le propriétaire, quand un cas de force majeure le met dans une impossibilité absolue d'arrêter le cours de la prescription. Mais la loi n'a pas distingué entre les cas de force majeure et les autres cas d'impossibilité d'agir. Le législateur a pensé sans doute que les délais de la prescription sont, en général, calculés d'une manière assez large pour parer aux diverses éventualités d'empêchement. On comprend que, dans certains cas, il pourra résulter du système nouveau quelques inconvénients particuliers ; mais ces inconvénients, tout regrettables qu'ils sont, ne sauraient se comparer aux dangers de l'arbitraire, qui résulteraient de l'extension exagérée d'une maxime aussi élastique que celle dont il s'agit.

216. La prescription court contre les absents ; seulement, les envoyés en possession des biens d'un absent, ne peuvent prescrire contre lui ; ils sont détenteurs précaires. Ils répondent, en leur qualité d'administrateurs, de toutes les prescriptions qu'ils laissent accomplir par leur faute.

La prescription court aussi contre ceux qui ignorent l'existence de leur droit, que leur ignorance repose ou non sur de bonnes raisons.

Voyons maintenant les exceptions que la loi apporte à la disposition générale de l'art. 2251.

Les causes de suspension de la prescription acquisitive sont : la minorité, l'interdiction, l'état d'époux, la qualité d'héritier bénéficiaire.

217. *Minorité.* — En droit romain, l'usucapion des meubles courait contre les pupilles ; celle des immeubles, au contraire, était suspendue à leur profit. Quant aux pubères, l'usucapion courait indistinctement contre eux. Enfin, la prescription de long temps était suspendue au profit des uns et des autres.

Nos coutumes variaient sur ce point. Les unes admettaient, en principe, que la prescription courait contre les mineurs ; les autres, parmi lesquelles se trouvaient les coutumes de Paris et d'Orléans, voulaient que la minorité suspendit la prescription. Le Code a suivi la doctrine de ces dernières, en portant, dans l'art. 2252, que la prescription ne court pas contre les mineurs.

La loi ne distingue pas entre le mineur émancipé et le mineur non émancipé ; l'un et l'autre jouissent du bénéfice de la suspension.

Les mineurs ayant un tuteur qui les représente, il semble que la prescription aurait dû courir contre eux, sauf leur recours contre le tuteur qui, par sa négligence, l'aurait laissé s'accomplir. Mais, comme ils sont incapables de surveiller leur tuteur et de provoquer sa destitution, quand il gère mal, la loi n'a pas voulu qu'ils fussent victimes d'une faute qui n'est pas la leur, et qu'ils n'ont eu aucun moyen de prévenir.

Le privilège accordé aux mineurs n'est cependant pas à l'abri de toute critique ; et, en effet, en prolongeant indéfiniment le temps de la prescription, il a pour résultat de jeter sur la propriété une incertitude perpétuelle. Mais la loi est formelle ; elle a, en cette circonstance, préféré l'intérêt des mineurs à l'intérêt général de la société.

218. *Interdiction.* — La loi, dans l'art. 2252, assimile les interdits aux mineurs, et ce qui vient d'être dit pour ceux-ci s'applique également à ceux-là. Mais il faut bien se garder d'étendre le bénéfice de la suspension aux personnes atteintes d'imbécillité, de démence ou de fureur, mais non interdites, ni aux personnes pourvues d'un conseil judiciaire pour cause de faiblesse d'esprit ou

de prodigalité. Il s'agit ici d'une exception ; or, une exception ne peut s'étendre aux cas non prévus.

On s'est demandé si la suspension s'applique aux personnes frappées d'interdiction légale, par suite d'une condamnation à des peines afflictives ou infamantes. Quoique ces personnes n'aient rien de favorable, nous croyons qu'elles jouiront cependant du bénéfice de la suspension. En effet, la disposition de l'art. 2252 est absolue ; elle est fondée non pas sur une idée de faveur, mais sur l'impossibilité d'agir, dans laquelle se trouvent les interdits. Cette impossibilité est la même pour tous.

219. *De l'état d'époux.* Aux termes de l'art. 2253, la prescription ne court pas entre époux. Deux raisons motivent cette disposition. D'abord, il eût été contraire à la nature de la société du mariage, comme le dit avec raison l'Exposé des motifs, que les droits de chacun des époux ne fussent pas, l'un à l'égard de l'autre, respectés et conservés. En second lieu, les époux étant incapables de se faire des libéralités indirectes irrévocables, si la prescription eût couru entre eux, rien n'eût été plus facile que d'éluder cette prohibition de la loi.

Après avoir vu, dans l'art. 2253, le droit qui, sous le rapport de la suspension de la prescription, régit les époux entre eux, nous croyons à-propos d'examiner la position de la femme mariée à l'égard des tiers, au point de vue de la prescription.

220. Notons avant tout, qu'en règle générale, la prescription court contre la femme mariée ; c'est ce qu'a soin de nous déclarer l'art. 2254, en formulant cette règle d'une façon assez embrouillée. Mais la pensée du législateur est facile à saisir. La loi décide que la prescription court contre la femme mariée, à l'égard des biens dont le mari a l'administration; mais elle n'exclut pas les autres biens de la règle qu'elle pose. Si elle a jugé nécessaire de s'expliquer pour les premiers, c'est qu'il pouvait s'élever, quant à eux, un doute qui n'existe pas pour les seconds. On eût pu croire, en effet, que la femme devait être assimilée aux mineurs pour les biens administrés par son mari, tandis que, pour ceux qu'elle administre elle-même, leur prescriptibilité ne pouvait un seul instant faire difficulté. Ainsi, en règle générale, la prescription court contre la femme mariée,

même pour les biens administrés par son mari, et sous quelque régime de mariage que vivent les époux.

221. Il est bien entendu que, si le mari laisse accomplir des prescriptions contre sa femme par suite de sa négligence, il en est res-
ponsable et doit l'indemniser du préjudice qu'elle en a éprouvé. Le
point de savoir quand le mari encourra cette responsabilité est une
question de fait qui se résoudra suivant qu'il y aura faute ou non
de sa part. Les circonstances ont pu être telles, qu'il n'y ait aucune
faute à lui imputer. Nous trouvons, dans la loi 16, Dig., *de fundo
dotali,* un cas où le mari n'aurait pas à répondre d'une prescription accomplie contre sa femme, c'est celui où cette prescription
vient à s'accomplir à une époque tellement rapprochée du mariage
que le mari n'a pas eu le temps de prendre ses mesures pour l'interrompre.

Le principe de l'art. 2251 subit quatre exceptions que nous
allons expliquer successivement.

222. La première exception se trouve dans l'art. 1304. La femme
a fait un contrat sans l'autorisation de son mari, elle a une action
en nullité pour le faire tomber. Cette action dure dix ans, mais les
dix ans ne commencent à courir que du jour de la dissolution du
mariage. Nous n'avons pas à nous occuper de cette première exception, parce qu'il s'agit, non pas d'une prescription acquisitive, mais
d'une prescription libératoire de l'action en nullité de la femme.

223. Arrivons de suite à la seconde exception. La prescription
est suspendue au profit de la femme mariée dans le cas où son action ne pourrait être exercée qu'après une option à faire sur l'acceptation ou la renonciation à la communauté (art. 2256, 1°). Ainsi,
il faut supposer que la femme se trouve investie d'un droit conditionnel, lequel dépend du parti qu'elle prendra à la dissolution de
la communauté.

Pour appliquer cette seconde exception, il est nécessaire de supposer que le mari a fait un acte qu'il n'avait pas le droit de faire
comme administrateur de la communauté, et que la femme peut
critiquer. D'après l'art. 1422, le mari ne peut disposer à titre gratuit des immeubles de la communauté. Si le mari a donné à un
étranger un de ces immeubles, la femme, acceptant ensuite la communauté, pourra critiquer la donation; mais, comme elle ne peut

exercer son droit qu'à la condition d'accepter la communauté, la prescription de l'immeuble donné est suspendue à son profit pendant toute la durée de la communauté.

Nous citerons un autre exemple dans lequel la femme a un droit conditionnel, dépendant de sa renonciation à la communauté. La femme a ameubli un de ses immeubles à la condition que, si elle renonce plus tard à la communauté, elle aura le droit de le reprendre. Si le mari aliène cet immeuble pendant le mariage, la prescription en sera suspendue au profit de la femme pendant toute la durée de la communauté, parce qu'il s'agit d'un droit de propriété qu'elle ne peut réaliser qu'après une option à faire entre l'acceptation ou la répudiation de la communauté.

224. Le motif, pour lequel la prescription est suspendue dans ces diverses hypothèses, paraît se trouver dans cette considération morale, que, si les actions dont l'exercice ultérieur dépend du choix que la femme fera entre l'acceptation et la répudiation de la communauté, avaient pu se prescrire pendant que cette communauté subsiste, la femme aurait été obligée de prendre des mesures conservatoires, d'interrompre elle-même la prescription, et par suite de contrôler et de surveiller incessamment l'administration du mari. La loi a craint que ce contrôle et cette surveillance des actes du mari par la femme ne devinssent une source de dissensions et de troubles dans le ménage.

225. Remarquons d'ailleurs que l'exception contenue dans le premier alinéa de l'art. 2256 ne s'applique qu'aux actions dont l'exercice dépend de l'option de la femme sur l'acceptation ou la répudiation de la communauté, et qu'elle ne saurait s'étendre, comme le prétendent quelques personnes, à tous les cas où le droit de la femme est suspendu par une condition. L'art. 2256 répugne à cette interprétation trop large; il précise d'une manière fort nette le seul évènement qui puisse suspendre la prescription au profit de la femme; aller au delà, c'est se jeter dans l'arbitraire.

226. Le second alinéa de l'art. 2256 nous donne le troisième cas de suspension de la prescription au profit de la femme mariée. D'après cet alinéa, la prescription ne court pas contre la femme, sous quelque régime qu'elle soit mariée, pour toute action qui, si

10

elle était exercée par elle contre les tiers, réfléchirait contre son mari.

La loi nous donne elle-même un exemple à l'appui de la disposition qu'elle consacre. Le mari vend un immeuble propre de sa femme sans son consentement. L'acheteur a reçu la chose *a non domino*, il est en position de prescrire. Mais la prescription ne saurait courir à son profit, elle est suspendue en vertu de l'art. 2256. Si la femme exerçait contre le tiers l'action en revendication, qu'arriverait-il? L'acheteur évincé exercerait un recours en garantie contre son vendeur qui est ici le mari. La loi a pensé avec raison que, dans cette circonstance et d'autres semblables, la femme se trouverait arrêtée par la crainte d'irriter son mari et de jeter ainsi des causes de discorde et de mésintelligence dans le ménage. Elle n'a pas voulu placer la femme dans la pénible alternative de sacrifier ou la paix de sa maison, ou quelque partie de sa fortune.

227. La suspension de prescription, dont il s'agit ici, subsiste pendant toute la durée du mariage, même après la séparation de biens. Mais faut-il aller jusqu'à dire qu'elle subsistera même après la séparation de corps? Le doute peut venir de ce qu'après la séparation de corps, il n'y a plus de vie commune, et qu'il ne peut plus être question alors d'union et de bonne harmonie entre des époux qui vivent presque comme étrangers l'un à l'autre. Nous croyons cependant qu'il est conforme à l'esprit de la loi de décider la question dans le sens de l'affirmative. La loi, en effet, désire toujours le retour des époux à la vie commune; elle appelle de tous ses vœux leur rapprochement. L'exercice, que la femme ferait, d'une action de nature à réfléchir contre son mari, serait un obstacle à la réconciliation des époux, en faisant naître de nouvelles causes d'inimitié. Nous pensons donc que, même après la séparation de corps, la suspension de la prescription existe encore au profit de la femme.

228. Il faut, pour que le second alinéa de l'art. 2256 s'applique, que le mari soit garant de la vente, parce que ce n'est que dans ce cas qu'il peut subir le contre-coup de l'action de sa femme. De là il suit que, si le mari a vendu l'immeuble de sa femme à un acheteur de mauvaise foi et en prenant soin de stipuler la non-garantie, la prescription courra contre la femme. Il en serait de

même, si le mari avait donné l'immeuble à un étranger, ou si un usurpateur s'en était emparé de sa seule autorité. Dans ces trois hypothèses, le mari n'ayant aucune responsabilité à encourir à l'égard des tiers évincés, la femme n'est point empêchée d'agir, et les principes généraux de la prescription conservent leur application.

229. Il faut avouer que cette théorie donne lieu à des résultats bizarres. En effet, l'acheteur de bonne foi, à qui le mari a vendu l'immeuble propre de la femme, ne pourra prescrire pendant toute la durée du mariage, tandis que le donateur, moins favorable, l'acheteur de mauvaise foi qui savait que la chose appartenait à autrui, l'usurpateur lui-même qui a eu l'impudence de s'emparer du bien d'autrui, pourront commencer une prescription parfaitement utile, dès le moment de leur entrée en jouissance. Mais ce sont là des conséquences rigoureuses et forcées du principe consacré par l'art. 2236-2°.

250. Enfin la prescription est encore suspendue au profit de la femme mariée dans une quatrième circonstance, lorsqu'au mépris de la prohibition de la loi, le fonds dotal a été aliéné (art. 2255). L'acquéreur ne pourra commencer à prescrire qu'après la séparation de biens, et, s'il n'intervient pas de séparation de biens, qu'après la dissolution du mariage.

Il va sans dire, que, si les immeubles dotaux ont été déclarés aliénables par le contrat de mariage, la prescription est parfaitement possible *ab initio*. La loi nous dit aussi, dans l'art. 1561, que la prescription du fonds dotal, qui a commencé avant le mariage, continuera son cours. L'art. 2255 ne s'applique pas à ces deux hypothèses.

251. Aux termes de l'art. 1561, l'immeuble dotal, aliéné pendant le mariage, devient prescriptible à partir de la séparation de biens. D'après l'art. 1560, au contraire, la prescription est suspendue au profit de la femme pendant toute la durée du mariage, même après la séparation de biens. Comment concilier ces deux dispositions contradictoires ?

Deux systèmes ont été présentés pour mettre d'accord l'art. 1560 et l'art. 1561.

252. Dans le premier système, qui est celui de la jurisprudence,

on distingue entre la prescription acquisitive et la prescription libératoire. S'agit-il d'une prescription acquisitive, un tiers s'est-il
emparé de l'immeuble dotal, ou bien le mari l'a-t-il donné à un
tiers, l'art. 1561 s'applique, et la prescription peut commencer à
courir contre la femme après la séparation de biens.

S'agit-il, au contraire, d'une prescription libératoire, la femme
a-t-elle vendu l'immeuble dotal avec autorisation du mari ou de
justice, la vente est annulable par application de l'art. 1554. Mais
l'acheteur tient la chose *a domino*, il est propriétaire, sauf annu-
labilité. L'action de la femme, fondée sur son incapacité de femme
dotale, dure dix ans. Dans cette hypothèse, la prescription qui
court au profit de l'acheteur a pour but, non pas de lui faire
arriver la propriété de la chose, mais de le garantir contre la révo-
cation de l'aliénation; c'est une prescription libératoire qui ne
peut commencer à courir qu'après la dissolution du mariage, par
application de l'art. 1304. D'après cet article, l'action en nullité ne
peut se prescrire qu'à partir du moment où le vice de l'aliénation
a cessé ; or, le vice d'inaliénabilité qui affecte l'immeuble dotal
dure pendant tout le mariage; donc la prescription de l'action révocatoire ne pourra commencer à courir que du jour de la dissolution du mariage. La jurisprudence applique ici l'art. 1560.

253. Le second système repousse la distinction proposée par
le premier, et soutient que l'art. 1561 est seul applicable dans tous
les cas. Voici ses principaux arguments :

D'abord, le second alinéa de l'art. 1561 n'existait pas dans le
projet primitif du Code; il a été ajouté après coup, sur la demande
du tribunat. On n'a pas pris garde que l'adoption de cet alinéa
avait pour effet de modifier considérablement l'art. 1560, par
rapport au point de départ de la prescription. On a oublié de cor-
riger l'art. 1560 pour le mettre en harmonie avec l'art. 1561.
Ainsi, la contradiction qui se manifeste entre ces deux dispositions
est due à une négligence de copiste.

En second lieu, l'art. 2255 qui pose le principe de la suspension,
au siége même de la matière, renvoie non pas à 1560, mais bien à
1561 ; ce qui indique d'une manière évidente que la pensée du
législateur a reposé entièrement sur ce dernier article.

Enfin, disent les partisans du second système, il ne faut pas perdre de vue, que la règle, dont nous nous portons les défenseurs, a été constamment suivie dans le droit romain et dans nos pays de droit écrit, où la séparation de biens avait pour effet de rendre possible toute espèce de prescription. On ne peut transporter dans le régime dotal, puisé dans la législation des pays de droit écrit, l'art. 1504, qui n'est qu'un emprunt fait à notre ancien droit coutumier.

251. Nous admettons assez facilement le second système; il a pour lui les anciennes traditions, et il explique d'une manière très satisfaisante la cause de l'apparente contradiction qui existe entre les art. 1560 et 1561.

Toutefois, il est des hypothèses où les deux systèmes doivent se rencontrer nécessairement, et où la question ne fait pas difficulté; ce sont celles où à la suspension dérivant du caractère inaliénable de l'immeuble dotal vient se joindre une autre cause de suspension.

Nous avons supposé que le mari avait donné l'immeuble dotal; supposons maintenant qu'il l'ait vendu; il est évident que, dans ce dernier cas, la prescription est suspendue pendant toute la durée du mariage, en vertu du second alinéa de l'art. 2256, parce que l'action que la femme exercerait contre l'acheteur réfléchirait contre son mari.

Supposons encore que la femme ait vendu l'immeuble dotal sans autorisation; la prescription ne prendra naissance qu'à la dissolution du mariage. Dans cette hypothèse, la nullité de l'aliénation dérive de deux causes; d'abord de l'inaliénabilité du fonds dotal, ensuite du défaut d'autorisation. La vente serait annulable sous tout autre régime. Aussi tout le monde est-il d'accord pour appliquer ici l'art. 1504.

255. *De la qualité d'héritier bénéficiaire.*—La prescription est encore suspendue entre une succession et l'héritier qui l'a acceptée bénéficiairement. L'art. 2258, qui formule cette disposition, s'exprime d'une manière moins large que nous ne le faisons; il dit seulement que la prescription ne court pas contre cet héritier pour les créances qu'il a sur la succession; mais les principes nous commandent d'élargir cette disposition.

Si la prescription libératoire est suspendue au profit de l'héritier bénéficiaire, la prescription acquisitive, au contraire, court contre lui au profit de la succession. La raison de cette différence vient de ce que, dans le premier cas, l'héritier étant nanti des biens qui forment son gage, n'a aucun intérêt à exercer des poursuites contre la succession, tandis que dans le second, la possession qu'il exerce, au nom de la succession, est d'autant plus utile à celle-ci pour prescrire, que le mandataire qui possède pour la succession est précisément le propriétaire du bien.

256. Pour ce qui est de la prescription, soit acquisitive, soit libératoire, que l'héritier bénéficiaire prétendrait faire courir à son profit contre la succession, elle n'est pas possible, puisque cet héritier, en sa qualité d'administrateur des biens de cette succession, est précisément chargé d'interrompre toute prescription qui peut courir contre elle. Que s'il manque à cette obligation, il est en faute; or, personne ne peut argumenter de l'inobservation de son devoir pour en tirer profit : *Nemo ex suo delicto meliorem suam conditionem facere potest.* C'est probablement parce que cette obligation de l'héritier bénéficiaire, et les conséquences qu'elle entraîne, sont trop manifestes, que la loi n'a pas pris la peine de les formuler ici.

257. La prescription n'est pas suspendue au profit d'une succession vacante; elle court contre elle sans qu'il y ait à distinguer si elle est ou non pourvue d'un curateur. S'il y a un curateur, c'est à lui d'interrompre la prescription; s'il n'y en pas, c'est aux intéressés d'en faire nommer un. Il n'y a donc pas de raison, ni dans un cas ni dans l'autre, de suspendre la prescription (art. 2258, al. 2).

Remarquons enfin que la prescription court contre une succession, même pendant les trois mois, pour faire inventaire, et les quarante jours, pour délibérer (art. 2259), et qu'elle court également à son profit dans les mêmes circonstances.

258. Le Code, dans l'art. 2257, indique d'autres causes de suspension dont nous n'avons pas à nous occuper, parce qu'elles sont fondées sur la modalité de la créance, et qu'ainsi elles ne peuvent s'appliquer qu'à la prescription libératoire.

Toutefois, nous ne terminerons pas cette section sans indiquer les raisons pour lesquelles l'art. 2257 ne s'applique pas aux droits réels suspendus par un terme ou par une condition.

En droit romain, la condition ou le terme suspendaient la prescription absolument, soit qu'il s'agit de droits réels, soit qu'il s'agit de créances. Pour les créances, cela se comprenait parfaitement ; la prescription de ces sortes de droits, étant une punition de la négligence et de l'inaction du créancier, ne devait commencer à courir que du moment où ce dernier pouvait agir contre son débiteur ; et, comme le créancier ne peut demander paiement à son débiteur *pendente die aut conditione*, la prescription était suspendue jusqu'à l'événement du terme ou de la condition. Par rapport au débiteur, la prescription libératoire se fonde sur une présomption de paiement ; or, il n'est pas naturel que cette présomption devance l'époque où le paiement doit s'effectuer. Ainsi la prescription libératoire devait être suspendue, en ce cas, à tous les points de vue.

240. Pour ce qui est des droits réels, les jurisconsultes romains avaient admis la suspension de la prescription acquisitive, à cause de l'impossibilité d'agir de l'ayant-droit avant l'échéance du terme ou l'événement de la condition.

Notre ancienne jurisprudence n'avait pas été longtemps sans être frappée de l'immense inconvénient qui résultait de la suspension de prescription, que la législation romaine appliquait aux droits réels affectés d'un terme ou d'une condition. Cette règle enlevait toute sécurité aux acquéreurs et entravait la libre circulation des biens. Nos anciens auteurs imaginèrent un moyen ingénieux de rendre ces sortes de droits prescriptibles *ab initio*. Ce moyen fut l'action d'interruption, par laquelle le titulaire du droit réel, conditionnel ou à terme, pouvait s'adresser à la justice pour entendre dire que tel ou tel droit lui appartenait, et que la prescription serait interrompue, si elle avait commencé à courir contre lui. Dès lors, le titulaire, pouvant toujours, malgré la condition ou le terme, veiller à la conservation de son droit, ne peut plus invoquer en sa faveur la maxime *Contra non valentem agere non currit præscriptio*.

L'art. 2257 n'a fait que suivre, dans sa disposition, les traditions de notre ancien droit. Ce qui le prouve, c'est qu'il a bien soin de ne s'occuper que des créances ; il ne dit pas un mot des droits réels. De plus l'art. 1180 permet au créancier conditionnel de prendre toutes les mesures conservatoires de son droit, d'intenter notamment l'action d'interruption.

241. Il me semble qu'en présence de ces textes, il est impossible d'admettre, comme l'a fait la Cour de cassation dans un arrêt du 4 mai 1846, que la prescription acquisitive ne peut courir contre le donataire sous condition, parce qu'il ne peut interrompre la prescription. C'est là une erreur manifeste. Le donataire sous condition peut exiger une reconnaissance du tiers détenteur de l'immeuble donné ou le citer en justice pour interrompre la prescription. L'article 2175 nous en donne la preuve, à l'égard du tiers détenteur d'un immeuble hypothéqué; puisqu'il suppose que ce tiers détenteur a reconnu l'hypothèque ou a été condamné en qualité de tiers détenteur seulement. Ce texte se réfère évidemment à l'action d'interruption que le créancier hypothécaire peut intenter pour la conservation de son droit. D'ailleurs, tous les auteurs sont d'accord pour reconnaître que l'art. 2257 est inapplicable à la prescription des droits réels.

242. Observons, en terminant, qu'il faut bien se garder de confondre avec les droits conditionnels les droits qui ne sont pas encore nés, qui n'ont aucune existence légale, pas même une existence conditionnelle. Ainsi le droit de faire réduire les libéralités qui dépassent la quotité disponible, n'existe point, même à l'état de droit conditionnel, du vivant du donateur; il en est de même du droit qu'a le donataire de biens à venir, de demander la nullité des aliénations à titre gratuit que le donateur a faites de son vivant (article 1085). Dans ces deux hypothèses, toute prescription est impossible avant le décès du donateur, parce que ces droits ne s'ouvrent qu'à cette époque, et que la prescription ne saurait exister là où aucun droit n'existe.

TROISIEME PARTIE.

DES DIVERSES ESPÈCES DE PRESCRIPTIONS ACQUISITIVES.

243. Après avoir étudié les éléments essentiels de la prescription

acquisitive, il nous reste à examiner ses diverses espèces. Nous nous occuperons d'abord de la prescription trentenaire, dont les principes sont assez simples, puis nous aborderons la matière plus délicate de la prescription par dix et vingt ans, enfin nous traiterons de la prescription en matière de meubles.

CHAPITRE PREMIER.

DE LA PRESCRIPTION TRENTENAIRE.

244. La prescription trentenaire est la plus longue de toutes les prescriptions de notre Code. Le législateur n'a pas voulu suivre les errements de l'ancienne jurisprudence qui reconnaissait des prescriptions d'une plus longue durée.

Dans l'origine, la prescription à fin d'acquérir supposait généralement la bonne foi du possesseur. Plus tard, quand les relations sociales se furent compliquées, on reconnut qu'il n'était pas possible, sans ébranler la paix publique, de remettre perpétuellement en question les propriétés. Théodose Ier défendit d'attaquer toute possession prolongée pendant trente ans, et on put dire avec raison de ce prince : *Humano generi profunda quiete prospexit.* Telle est l'origine de la prescription trentenaire, admise dans la majeure partie de l'ancienne France, et consacrée par l'art. 2262 du Code Napoléon.

245. La prescription acquisitive suppose à la fois l'abstention du propriétaire et l'exercice de la possession par un tiers pendant un laps de temps déterminé. C'est donc mal à propos que l'article 2262 déclare l'action réelle prescrite par trente ans. L'action réelle a une durée indéfinie comme la propriété même. En matière de droits réels, ce n'est pas la question de perte, mais celle d'acquisition qui doit nous préoccuper. Toutefois, la proposition de l'article 2262 est vraie pour l'usufruit et les servitudes qui peuvent exceptionnellement se perdre par le non-usage.

246. Envisagé comme moyen d'acquérir, la prescription trente-

naire profite à toute personne qui a en sa faveur une possession de trente ans, revêtue de tous les caractères requis par l'art. 2229.

247. La prescription acquisitive de trente ans s'applique, non seulement à la pleine propriété, mais encore à ses divers démembrements, l'usufruit, l'usage, les servitudes continues et apparentes.

Quoique l'art. 579, en indiquant les modes de constitution de l'usufruit, ne fasse point mention de la prescription, tout le monde est d'accord pour suppléer à son silence sur ce point. Les art. 2228 et 2229 combinés ne nous montrent-ils pas, en effet, qu'on peut posséder un droit aussi bien qu'une chose corporelle?

Ce qu'on décide pour l'usufruit, on le décide également pour l'usage et l'habitation, et avec raison, puisque l'art. 625 nous dit que ces droits s'établissent de la même manière que l'usufruit. D'ailleurs, puisqu'une disposition formelle, l'art. 690, applique aux servitudes continues et apparentes la prescription acquisitive de trente ans, il n'est pas permis de douter de la nécessité de l'appliquer aussi à l'usufruit et à l'usage, qui se rapprochent bien plus de la propriété qu'une simple servitude prédiale.

Quant aux servitudes discontinues et non apparentes, elles ne peuvent s'acquérir par prescription. La raison de leur imprescriptibilité se rattache, comme nous avons eu occasion de le remarquer déjà, au caractère équivoque des actes sur lesquels elles se fondent.

248. La prescription acquisitive s'applique-t-elle aux créances et aux rentes? D'abord cette prescription pourrait-elle faire naître une créance? Nous n'hésitons pas à répondre négativement. La loi, en effet, indique limitativement les causes créatrices d'obligations; ce sont les contrats, les quasi-contrats, les délits, les quasi-délits, la loi. On ne peut ajouter à cette liste la prescription.

Mais supposons qu'il s'agisse d'une créance déjà existante et vendue par une personne à qui elle n'appartient pas. L'acheteur se comporte comme créancier pendant trente ans, reçoit le payement des intérêts; sa qualité de possesseur de la créance n'est pas contestée, aura-t-il acquis la qualité de créancier?

249. Des personnes admettent l'affirmative. En effet, disent-elles, l'art. 2228 nous démontre que la possession peut très bien s'ap-

pliquer à un droit. L'acheteur de la créance jouit de ce droit, il le possède, il est dans les termes de la loi, la prescription acquisitive est possible.

Cette solution nous semble fort hasardée, nous ne croyons pas qu'elle soit admissible. Sans doute, l'art. 2228 consacre d'une manière indubitable la possession d'un droit, mais on ne réfléchit pas que cet article ne saurait être séparé du suivant. Nous ne comprenons pas que l'exercice de la qualité de créancier puisse constituer une possession publique, conformément à l'art. 2229. La perception des intérêts n'a rien de public à l'égard des tiers, à l'égard du véritable créancier contre lequel on prescrirait. Nous pouvons ajouter que pas un seul des articles dans lesquels la loi traite de la prescription acquisitive, ne se réfère ni directement, ni indirectement aux créances et aux rentes.

250. La prescription acquisitive s'applique-t-elle à l'hypothèque, en ce sens qu'elle puisse servir à la constituer? Nous ne le croyons pas. L'art. 2116, qui nous indique les moyens de faire naître l'hypothèque, ne met pas la prescription au nombre de ces moyens. Prescrire un droit réel c'est l'acquérir en le possédant; or, l'hypothèque n'est pas, dans le système de la loi, susceptible de possession proprement dite. Il n'y a pas de publicité possible en cette matière. L'inscription sur les registres du conservateur n'est pas un exercice public du droit d'hypothèque. L'art. 2180 ne prouve-t-il pas ce que nous avançons, en décidant que, lorsqu'un immeuble hypothéqué est possédé par un tiers, la prescription court contre l'hypothèque, malgré l'inscription ou le renouvellement d'inscription que le créancier opère sur les registres? Le créancier ne possède donc pas, par cela même, son hypothèque, car s'il la possédait en agissant ainsi, la prescription ne courrait pas contre lui.

251. Au contraire, l'hypothèque peut s'éteindre par prescription (art. 2180-4°), et il s'agit là d'une prescription acquisitive. La prescription acquisitive s'applique donc à l'hypothèque, en ce sens que le possesseur d'un immeuble hypothéqué peut, par une possession prolongée de l'immeuble, acquérir l'affranchissement de l'hypothèque dont il est grevé. La loi exige, pour la prescription de l'hypothèque, le fait de la possession, condition qui n'est

nécessaire qu'en matière de prescription acquisitive. Mais, pour qu'il en soit ainsi, il faut que l'immeuble soit possédé par un tiers étranger à la dette, et non par le débiteur lui-même. Quand l'immeuble est aux mains du débiteur, l'hypothèque se prescrit par le temps fixé pour la prescription de la créance qu'elle garantit, et alors la prescription est libératoire.

252. Toutefois, des personnes ont soutenu que la prescription de l'hypothèque est libératoire, même dans le cas où l'immeuble hypothéqué est possédé par un tiers. Nous ne saurions admettre cette idée pour la raison que nous avons indiquée plus haut. Il n'est pas indifférent d'opter entre l'une et l'autre opinion. Si on admet que la prescription de l'hypothèque est libératoire, il faut en conclure nécessairement que, si la créance qu'elle garantit est conditionnelle ou à terme, elle ne pourra commencer à courir que du jour de l'échéance du terme ou de l'événement de la condition. Au contraire, s'il faut décider, comme nous le pensons, que la prescription de l'hypothèque est acquisitive, il en résulte forcément qu'elle court contre le créancier, lors même que son droit est à terme ou conditionnel; parce que, comme nous l'avons démontré plus haut, l'art. 2257 ne s'applique jamais à la prescription acquisitive.

253. L'hérédité s'acquiert par la prescription trentenaire. L'action en pétition d'hérédité est une action réelle, que le véritable héritier vient intenter contre celui qui détient les biens d'une succession, en se prétendant lui-même héritier. La prescription de cette action ne peut commencer à courir que du jour où un tiers a commencé à posséder les biens héréditaires; c'est assez dire que la prescription de l'hérédité est une prescription acquisitive. La propriété ne se perd jamais par le non-usage; il faut qu'un tiers exerce ce droit à l'encontre du propriétaire. L'héritier, dans notre droit, étant saisi de la succession dès le moment du décès de son auteur, est propriétaire de tous les biens qui la composent; son droit de propriété ne peut s'éteindre qu'autant qu'un autre l'a acquis. Il s'agit d'une prescription acquisitive, et l'élément essentiel d'une telle prescription, c'est la possession. Chose remarquable en ce cas, le tiers qui aura possédé pendant trente ans la succession, en se prétendant héritier, aura acquis non seulement les immeubles qui composent cette succession, mais même les créances héréditaires.

Nous avons vu cependant que les créances ne pouvaient s'acquérir par prescription. S'il en est autrement ici, c'est qu'au bout de trente ans, le possesseur de l'hérédité a acquis la qualité d'héritier et tous les avantages qui en découlent; or, au nombre de ces avantages, se trouvent les créances héréditaires.

254. Nous avons vu que, malgré le silence de l'art. 2262 sur ce point, toutes les fois que la prescription trentenaire est acquisitive, le laps de temps ne suffit pas pour la produire; il faut encore la possession avec tous les caractères exigés par l'art. 2229.

Ajoutons que le possesseur trentenaire n'est point obligé de rapporter un titre qui justifie de sa propriété; la possession lui en tient lieu. C'était le principe que suivait l'ancienne jurisprudence en cette matière. Mais le Code innove en un point; il défend d'opposer au possesseur trentenaire l'exception déduite de la mauvaise foi. Autrefois, le laps de trente ans dispensait seulement de justifier d'un titre; mais l'adversaire était admis à administrer la preuve positive de la mauvaise foi. Le Code ne permet plus de faire cette preuve. Aujourd'hui le temps efface le vice originel dont la possession a été entachée. L'état d'incertitude sur la propriété ne saurait durer plus de trente ans, sans compromettre l'intérêt public, et la négligence du propriétaire est punie par la perte de la chose. La loi, dit Dunod, passe sur l'indignité de la personne de mauvaise foi, en faveur de la tranquillité publique que procure cette prescription.

255. Puisque l'exception de mauvaise foi ne peut être opposée au possesseur, le demandeur ne pourrait lui déférer le serment à ce sujet. Seulement il pourrait y avoir délation du serment en ce qui touche l'accomplissement des conditions requises, par exemple, s'il s'agissait de suspension, d'interruption ou de reconnaissance du droit du propriétaire.

Observons, en terminant, que la dispense de représenter un titre ne saurait être invoquée par le détenteur précaire qui prétendrait que sa possession a été intervertie par une cause venant d'un tiers. Il sera toujours obligé, pour jouir du bénéfice de la prescription même trentenaire, de justifier de l'existence d'un juste titre.

CHAPITRE II.

DE LA PRESCRIPTION PAR DIX ET VINGT ANS.

256. Le Code, à l'imitation de la plupart de nos anciennes coutumes, notamment de la coutume de Paris, permet, dans des circonstances favorables, la prescription par dix ans entre présents, et par vingt ans entre absents.

On comprend que la loi entoure d'une grande faveur celui qui, en recevant un immeuble, a juste sujet de croire qu'on lui en transmet la propriété, et qu'elle cherche à diminuer le temps pendant lequel il restera exposé à l'éviction. Le possesseur de bonne foi est porté naturellement à faire des dépenses quelquefois considérables pour l'amélioration de la chose. S'il est expulsé au bout d'un long temps, il peut n'avoir qu'un recours illusoire contre son auteur. L'équité, d'accord avec l'intérêt de la propriété, demande que ses droits restent moins longtemps incertains.

257. L'art. 2265, dont la source se trouve, comme on le sait, dans le droit de Justinien, décide que celui qui acquiert de bonne foi et par juste titre un immeuble, en prescrit la propriété par dix ans, si le véritable propriétaire habite dans le ressort de la cour d'appel dans l'étendue de laquelle l'immeuble est situé, et par vingt ans, s'il est domicilié hors dudit ressort.

Ainsi, pour invoquer cette prescription privilégiée, il faut : 1° une possession revêtue de tous les caractères énumérés par l'art. 2229; 2° un juste titre; 3° la bonne foi; 4° un certain laps de temps.

Nous n'avons pas à parler ici de la possession, puisque nous en avons traité d'une manière générale dans le cours de notre travail. Nous examinerons successivement les trois autres conditions en commençant par le juste titre.

Section Ire

Du juste titre.

258. Le mot titre a, en droit, des significations fort diverses. Tantôt c'est un écrit (art. 1317), *titre authentique* ; tantôt une qualité, *titre d'héritier* ; tantôt un fait translatif de propriété, constitutif d'un droit, *titre de vente, de donation.* C'est dans ce dernier sens que l'art. 2265 l'emploie, avec cette modification qu'il n'est translatif de propriété qu'en apparence, parce qu'il faut supposer nécessairement qu'il n'émane pas du véritable propriétaire. Ainsi, le juste titre, exigé pour la prescription décennale, est celui qui eût transmis la propriété, s'il avait été conféré *a domino.* L'orateur du gouvernement, dans son Exposé des motifs, le définissait : « *un titre de sa nature translatif de propriété et d'ailleurs valable.* »

Aussi le législateur parle-t-il un langage inexact dans l'art. 2265 en disant : *celui qui acquiert de bonne foi...* Si la personne avait acquis, il n'y aurait nul besoin de prescrire. Il faut rectifier cette expression en la remplaçant par celle-ci : *celui qui reçoit...,* ou bien, si on veut la conserver, la commenter ainsi : *celui qui acquiert en fait et non en droit...* Quelle que soit la correction que l'on fasse subir à l'art. 2265 sur ce point, il est bien entendu que le possesseur doit présenter un titre réel, existant en fait, et auquel il n'a manqué que la qualité de propriétaire dans celui qui l'a conféré, pour transmettre *hic et nunc* la propriété.

259. Le Digeste et Pothier ont analysé avec soin les différents titres qui peuvent servir de base à la prescription. Qu'il nous suffise de nous reporter aux développements que nous avons donnés sur ce point dans la partie de notre travail qui regarde spécialement le droit romain, et d'indiquer seulement ici les différences essentielles qui existent entre la législation romaine et la nôtre par rapport à quelques uns de ces titres.

D'abord la vente, la donation, le legs, le paiement, sont chez nous, comme à Rome, de justes titres pour prescrire.

260. La constitution de dot, que les Romains appelaient titre *pro dote*, n'a plus, dans notre droit, l'importance qu'elle avait chez eux. A Rome, le mari était propriétaire de la dot ; le titre de dot était toujours translatif de propriété. Quand la femme avait apporté en dot à son mari un immeuble, dont elle n'était pas propriétaire, le mari de bonne foi pouvait l'acquérir par usucapion, sans qu'il y eût à distinguer si la dot avait été estimée ou non.

Aujourd'hui, d'après l'art. 1549, C. N., le mari est seulement administrateur de la dot ; il n'en devient pas, en général, propriétaire. Dès lors le titre *pro dote* a conservé, dans notre droit, de rares applications, en matière de prescription.

261. Si nous nous plaçons dans l'hypothèse de l'art. 1552, nous trouvons un cas où, par exception, le titre *pro dote* peut fonder la prescription décennale. Ainsi, la femme apporte au mari un immeuble, qu'elle lui constitue en dot avec estimation et déclaration que l'estimation vaut vente, le mari en acquiert la propriété, en supposant, bien entendu, qu'il appartienne à la femme. Si l'immeuble appartient à un tiers, le mari qui l'a reçu de bonne foi, peut, après dix ou vingt ans de possession, invoquer la prescription. On peut objecter qu'au fond de cette opération il y a plutôt une vente qu'une constitution de dot, et que le mari doit se fonder sur le titre *pro emptore*, et non pas sur le titre *pro dote* ; mais, comme cette vente a eu lieu *dotis causa*, je ne vois pas pourquoi on ne considérerait pas le titre du mari comme un titre *pro dote*, puisque, en définitive, la vente n'a été qu'un moyen de réaliser la constitution de dot elle-même, qui domine toute cette opération.

262. Un autre cas d'application du titre *pro dote* à la prescription se présente sous le régime de communauté. Supposons que la femme ait ameubli un de ses immeubles. L'immeuble ameubli, s'il appartient à un tiers, sera possédé par le mari au titre *pro dote*, et la prescription décennale sera possible.

263. Le contrat de société est translatif de propriété ; il formera donc un juste titre dans le sens de l'art. 2265. Nous pouvons citer pour exemple le cas d'une société formée entre Primus et Secundus, et dans laquelle Primus apporte un immeuble qui ne lui appartient pas. Après un certain temps la société se dissout, le partage a lieu, et l'immeuble, apporté par Primus, tombe au lot de

Secundus. Comme le partage, dans notre droit, est simplement déclaratif de propriété (art. 883), Secundus est censé avoir été seul possesseur de l'immeuble dès l'origine de la société. C'est donc le contrat même de société qui a formé pour lui un juste titre, et, si au moment du contrat, il a été de bonne foi, la prescription décennale a couru à son profit.

264. D'après ce que nous venons de dire, il résulte bien que le partage ne saurait constituer un juste titre comme à Rome, où il était translatif de propriété. Chez nous, le partage efface tout le temps de l'indivision pour faire remonter ses effets au moment même où cette indivision a commencé. Nous en avons donné un exemple tout à l'heure. Mais, pour compléter les notions nécessaires sur ce point, supposons, dans la même espèce, que, par le résultat du partage, l'immeuble mis en société par Primus tombe précisément dans son lot. Dans cette hypothèse, la possession de Primus remontera non seulement à l'origine de la société, mais elle se reportera au-delà et devra se régler par l'état de choses antérieur à la société, c'est-à-dire que la possession de Primus se basera sur le titre qu'il avait avant d'apporter l'immeuble en société, ou que, s'il n'avait point de titre, elle aura été tout simplement une possession sans titre : dans le premier cas, Primus, s'il a été de bonne foi, prescrira par dix ou vingt ans ; dans le second, il ne pourra invoquer que la prescription de trente ans.

265. Que dire de la transaction? Constitue-t-elle un juste titre pour prescrire? Ainsi deux personnes vont avoir un procès à l'occasion d'un immeuble. Elles se font des sacrifices réciproques ; une partie de l'immeuble est donnée à l'une, l'autre partie reste à l'autre. La transaction est-elle un juste titre, susceptible de conduire à la prescription de l'immeuble? Non, évidemment, parce que, dans cette circonstance, il n'y pas eu constitution de droits nouveaux. Dans l'intention des parties, la transaction n'a été que déclarative d'un état préexistant. Les parties ont entendu conserver leur droit en vertu de l'ancien titre sur lequel elles fondaient leurs prétentions, et non en vertu d'un titre nouveau. Ainsi nous posons en règle, que la transaction ne peut former un titre translatif de propriété, un juste titre, par rapport aux choses litigieuses qui en font l'objet.

11

266. Mais nous ferons exception à cette règle toutes les fois que les parties feront figurer dans la transaction des choses qui n'en sont pas l'objet. Un procès s'élève par rapport à l'immeuble A, possédé par Primus. Primus et Secundus conviennent que le premier conservera cet immeuble, et donnera au second un autre immeuble non litigieux, l'immeuble B. La transaction est, dans ce cas, attributive d'un droit nouveau, translative de la propriété de l'immeuble B. Si Primus n'est pas propriétaire de cet immeuble, Secundus le possédera *ex causa transactionis* ; et, s'il est de bonne foi, il pourra l'acquérir par dix ou vingt ans. La transaction sera ici un juste titre dans le sens de l'art. 2265.

267. Le jugement constitue-t-il une cause légale d'acquisition, et, par suite, un juste titre pour la prescription ? Quoique la Cour de cassation ait, à deux reprises différentes, en 1827 et en 1833, décidé cette question dans le sens de l'affirmative, nous ne croyons pas qu'elle ait fait en cela une saine application des principes. L'élément essentiel du juste titre, c'est d'être translatif de propriété, comme nous le prouvent les art. 550 et 2265. Or, un jugement n'est pas attributif de propriété, mais simplement déclaratif d'un droit préexistant. Il ne crée pas la propriété ; il ne fait que la constater chez celui au profit duquel il est rendu. On ne saurait y voir un juste titre d'acquisition. Il en est autrement du jugement d'adjudication, qui est une espèce de vente, et auquel on ne peut refuser la vertu translative qui constitue le juste titre. Mais ce n'est là qu'une exception, et le jugement ordinaire, celui qui prononce sur des questions contentieuses, ne sera jamais, quoi qu'en ait dit la Cour de cassation, un juste titre pour prescrire.

268. Nous avons à nous demander enfin si le titre *pro herede* trouvera son application en matière de prescription décennale. Nous ne croyons pas que le titre *pro herede* puisse constituer, sous le Code, le juste titre exigé par l'art. 2265. En droit romain, après l'abolition, par Adrien, de l'usucapion *pro herede*, qui formait une exception remarquable aux principes généraux de l'usucapion, le titre *pro herede* n'avait conservé que de rares applications.

269. D'abord s'agissait-il d'un immeuble que le défunt avait lui-même possédé, son héritier lui succédait dans cette possession ; mais, comme la possession du successeur universel n'est que la

continuation de celle de son auteur, si ce dernier n'avait ni titre ni bonne foi, l'héritier ne pouvait puiser dans sa qualité un titre d'usucapion, il ne pouvait prescrire malgré sa bonne foi personnelle. Les mêmes principes doivent être suivis dans notre droit, en vertu de l'art. 2235.

270. S'agissait-il, au contraire, d'un immeuble que le défunt ne possédait pas, et que l'héritier a regardé comme faisant partie de la succession, quoiqu'il appartînt à autrui, les jurisconsultes romains, entre autres Pomponius, l. 3, Dig., *pro herede*, disaient que l'héritier, s'il était de bonne foi, possédait cet immeuble *pro herede*, en vertu de sa qualité d'héritier, et pouvait l'usucaper à ce titre.

Pouvons-nous transporter dans notre droit la décision de Pomponius ? Nous ne le pensons pas ; nous ne voyons pas en effet, dans cette circonstance, le juste titre que le Code exige dans les articles 550 et 2265. Que les jurisconsultes romains y aient vu un juste titre, et que Pothier (Preser., n° 64), et Dunod (p. 11 et 12), aient reproduit leur doctrine sur ce point, c'est ce que nous pouvons facilement expliquer, en observant que les Romains ne se montraient pas toujours très exigeants à l'égard du titre et que, dans certains cas, ils reconnaissaient qu'on pouvait s'en passer, pourvu qu'on fût d'ailleurs de bonne foi. Mais nous ne pouvons admettre la même doctrine sous le Code. Notre législateur ne se contente plus de la croyance plausible à un titre sans existence réelle. Dans le cas résolu par Pomponius, l'héritier n'a réellement pas de titre ; l'immeuble ne lui a pas été transmis par le défunt, c'est à tort qu'il a cru à cette transmission ; la prescription privilégiée de l'art. 2265 est impossible.

271. Nous venons de dire que notre droit ne se contente pas d'un titre putatif, mais qu'il exige un titre réel, pour admettre au bénéfice de la prescription décennale. Je sais que cette proposition n'est pas admise par tous les auteurs ; mais elle me semble résulter d'une exacte interprétation des textes et de l'esprit de la loi.

Les jurisconsultes romains, comme nous l'avons déjà remarqué, exigeaient, en principe, pour l'usucapion, un juste titre réel ; mais, dans certaines circonstances, ils donnaient à l'apparence du titre la valeur d'un titre véritable, pourvu que la bonne foi fût évidente, et qu'on n'eût aucun reproche à faire au possesseur. Toutefois, les anciens interprètes du droit romain firent admettre que la bonne foi, sans le titre, était insuffisante. Mais cette doctrine était inconciliable avec les textes mêmes qu'ils expliquaient, et, pour trouver une raison aux exceptions que certaines lois du Digeste faisaient à leur principe, ils en étaient venus à accréditer cette idée, que l'opinion d'un juste titre qui n'a pas existé équivaut au juste titre lui-même (1).

272. Nous ne pouvons croire que ces principes soient applicables sous le Code. L'art. 2205 exige cumulativement le juste titre et la bonne foi, et l'art. 550 vient corroborer sa disposition, en disant que le possesseur est de bonne foi, quand il possède comme propriétaire, en vertu d'un acte translatif de propriété dont il ignore les vices. Il est évident, d'après ces textes, que la loi défend de reconnaître comme efficace une possession qui ne s'appuierait pas sur un titre réel, sur un titre qui eût transféré la propriété, s'il avait été consenti par le vrai propriétaire. Ainsi, le titre putatif ne pourra jamais remplacer le titre réel. Cette sévérité de la loi résulte formellement des textes que nous avons cités, mais elle ne date pas précisément du Code. Déjà, dans l'ancien droit, Lemaître (2) avait dit que l'opinion erronée d'un titre ne peut équipoller au titre que la coutume exige expressément, et il en donnait pour raison qu'on ne doit rien suppléer, lorsqu'il s'agit de faire acquérir à quelqu'un le droit d'autrui, et d'en dépouiller le véritable propriétaire. Le législateur de 1804 a reproduit cette doctrine dans le Code et il a écarté par là toutes les subtilités qui découlaient de la doctrine opposée.

572. Une seconde condition requise pour que le titre serve de base à la prescription, c'est qu'il soit valable. L'art. 2267 porte, en effet, que le titre, nul par défaut de forme, ne peut servir de base à la prescription de dix et vingt ans.

Le mot titre, qu'emploie l'art. 2267, signifie, non pas comme précédemment, un acte juridique, constitutif d'un droit, mais l'écrit destiné à constater l'opération qui est intervenue. Il en résulte que cette disposition ne peut s'appliquer qu'aux cas où un écrit est

(1) Pothier (Prescr. n° 96).
(2) Cout. de Paris, tit. 6, ch. 1, sect. 1.

exige, non *ad probationem*, mais *ad solemnitatem*, c'est-à-dire aux cas où l'acte translatif n'a aucune existence juridique sans la rédaction d'un écrit. Il est facile de voir dès lors que l'art. 2267 n'a qu'une portée fort restreinte.

274. Quand il s'agit de ces actes solennels, soumis à des formes rigoureuses sans lesquelles ils n'existent pas, il est incontestable que l'absence de ces formes empêche le titre de naître. Ainsi, la donation d'un immeuble par acte sous seing-privé, le legs d'une maison par un testament nul pour vice de forme, ne sauraient constituer de justes titres, conformément au prescrit de l'art. 2267. Il faut en dire de même de la constitution d'un immeuble en dot par acte sous seing-privé, dans les cas exceptionnels où la constitution de dot pourrait, sous le Code, former un juste titre.

En dehors de ces cas et autres analogues, l'art. 2267 n'a pas d'application. Ainsi un acte de vente, nul pour vice de forme, n'empêchera pas la prescription décennale. En effet, ce n'est pas l'écrit qui fait la vente, c'est uniquement le consentement des parties contractantes. En dehors de l'écrit, il y a titre valable ; la preuve sera plus ou moins difficile à administrer, et, en supposant que cette preuve soit impossible, ce n'est pas le titre qui manque alors, mais seulement la preuve du titre. Il faut ranger dans la même catégorie tous les contrats dont l'existence est indépendante d'un écrit, c'est-à-dire tous ceux qui se forment *solo consensu*, sans être astreints à des formes rigoureuses et nécessaires.

275. Les nullités de forme, dont nous avons parlé jusqu'ici, sont de celles que toute partie intéressée est recevable à invoquer, parce qu'elles appartiennent au droit public. Que dire des nullités de forme relatives ? Ainsi un mineur vend sans formalités un immeuble qui ne lui appartient pas, l'acheteur pourra-t-il invoquer la prescription décennale en s'appuyant sur le titre de vente qui lui a été consenti par le mineur ? Ou bien, au contraire, se verra-t-il repousser par la disposition de l'art. 2267 ? Nous pensons que le titre dont il s'agit, quoique annulable, pourra être opposé au véritable propriétaire, parce que la nullité de ce titre n'a été introduite qu'au profit de l'incapable; lui seul peut s'en prévaloir (art. 1125). Restera la question de savoir si l'acheteur était de bonne ou mauvaise foi;

mais c'est là une question toute différente que nous examinerons plus loin.

276. On s'est demandé, sur l'art. 2267, à l'égard des titres soumis à des conditions de forme essentielles, si le vice de forme qui n'apparaît pas à première vue empêche la prescription décennale. Ainsi un testament a été fait en présence d'un témoin étranger ; l'extranéité d'un témoin ne s'aperçoit pas de suite. Faut-il appliquer l'art. 2267 ? D'après la doctrine que nous avons admise précédemment, puisque l'apparence du titre ne peut, selon nous, remplacer le titre lui-même, nous devons décider nécessairement que, dans l'espèce, le légataire ne pourra invoquer en sa faveur le testament qui l'a institué.

277. Nous savons que les nullités de forme ne sont pas les seules qui peuvent affecter un titre, qu'un acte peut être nul ou annulable pour erreur, violence ou dol, pour défaut de cause ou d'objet licites, pour violation des lois d'ordre public ou des bonnes mœurs. La loi a gardé le silence sur ces différentes nullités, et ce silence est d'autant plus incompréhensible que nos anciens auteurs s'étaient livrés sur ce point à d'interminables disputes et qu'ils s'étaient tous accordés pour signaler l'extrême difficulté de la matière. Que décider en présence de cet oubli du législateur ?

Nous trouvons très-rationnelle la distinction empruntée à Bartole par d'Argentré, entre les nullités absolues et les nullités purement relatives. Les premières, fondées sur des raisons d'intérêt public, pouvant être invoquées par toutes personnes, seront opposables par le propriétaire à celui qui prescrit. Les secondes, au contraire, prononcées par la loi dans un intérêt purement privé, ne vicient le titre que relativement aux personnes que la loi admet à en demander la nullité ; le propriétaire, étranger à l'acte qu'on lui oppose, ne pourra en argumenter. En conséquence, la vente d'un immeuble appartenant à autrui, laquelle aurait une cause déshonnête et illicite, ne pourrait justifier la prescription décennale, tandis que la vente du même immeuble à un acheteur, qui aurait employé à l'égard du vendeur des actes de violence, serait parfaitement apte à fonder cette prescription. Dans ce dernier cas, nous réservons la question de bonne foi ; nous n'avons à nous préoccuper ici que de la valeur du titre.

278. Quand le titre est réel, quand de plus il est valable, remplit-il toutes les conditions nécessaires pour conduire à la prescription? Non, il faut encore qu'il soit définitif et non suspendu par une condition. Celui qui n'acquiert que sous une condition ne peut avoir dans son titre la confiance inébranlable que Pothier appelle *justa opinio quæsiti dominii*. Mais il faut remarquer que nous n'entendons parler que de la condition suspensive, de celle qui arrête les effets du contrat. C'est celle-là seule qui, avant son accomplissement, s'oppose à ce que le possesseur ait la *justa opinio* nécessaire pour faire courir la prescription. La condition résolutoire n'empêche pas l'effet du contrat, elle le détruit seulement pour l'avenir, quand elle vient à se réaliser. C'était la doctrine romaine, elle doit être suivie sous le Code. Aussi une vente sous condition résolutoire transfère immédiatement la propriété, quand elle a été consentie *a domino;* dans le cas contraire, elle sert de base à une prescription qui commence dès le moment où le contrat a été formé entre les parties.

SECTION II.

De la bonne foi.

279. Lorsque le juste titre, dont nous venons de parler, existera, le possesseur sera présumé avoir cru au fait translatif de propriété ; mais la preuve contraire sera toujours possible (art. 2268). Cela revient à dire que la seconde condition, exigée pour prescrire par dix et vingt ans, c'est la bonne foi. Elle est toujours présumée chez le possesseur; seulement le propriétaire auquel la prescription est opposée, sera admis à prouver par tous les moyens possibles que ce possesseur était de mauvaise foi *ab initio*.

La bonne foi ne peut exister sans le juste titre, mais le juste titre peut très bien exister sans la bonne foi. Il importe donc de bien déterminer les éléments constitutifs de la bonne foi.

280. On a donné des définitions plus ou moins restreintes de la

bonne foi. Quant à nous, nous croyons qu'elle se compose d'un triple élément. Pour que le possesseur ait la croyance ferme et entière, la conviction complète qu'il est p opriétaire, il faut qu'il soit à l'abri de tout reproche autre que celui de n'avoir pas aperçu l'absence de droit chez son auteur. Le possesseur, pour être de bonne foi, doit donc : 1° ignorer que la chose qui lui est transmise appartient à autrui ; 2° être persuadé que celui qui la lui transmet a le droit et la capacité de l'aliéner ; 3° la recevoir par un titre exempt, à ses yeux, de toute espèce de vice. Si l'une de ces trois conditions manque, le possesseur n'a pas la complète bonne foi indispensable pour être admis au bénéfice de la loi. Analysons brièvement les trois éléments dont la bonne foi se compose.

281. D'abord, le possesseur doit ignorer que la chose appartient à autrui. Le droit romain et notre ancien droit formulaient à peu près dans les mêmes termes cette première condition de la bonne foi, elle ne présente aucune difficulté.

282. Le second élément de la bonne foi, c'est la conviction, chez le possesseur, que celui qui lui transmet la chose a le droit et la capacité de l'aliéner. Ce point est décidé par plusieurs lois du Digeste. Ainsi, Paul, l. 27, *de contrah. empt.* Dig., s'exprime en ces termes : « Qui sine tutoris auctoritate a pupillo emit... non videtur bona fide emere. » Le même jurisconsulte nous dit ailleurs : « Si ab eo emas quem prætor voluit alienare, idque tu scias, usucapere non potes. »

Si j'achète d'un pupille non autorisé, d'un interdit ou de toute autre personne incapable de vendre, un immeuble que je crois appartenir au vendeur, sachant bien qu'il est incapable d'aliéner, je n'ai pas la conviction d'avoir fait un acte loyal et régulier, je ne suis pas de bonne foi, et je ne prescrirai pas par dix et vingt ans.

283. Le troisième et dernier élément de la bonne foi consiste à recevoir la chose par un titre exempt, aux yeux du possesseur, de toute espèce de vice. Ainsi l'acquéreur est de mauvaise foi par cela seul qu'il sait son titre entaché d'un vice, même purement relatif, comme la fraude ou la violence. Cette règle est consignée tout au long dans la loi 6, au Code, *de præscript. long. temp.* : « Si fraude et dolo, licet inter majores vigin quinque annis, facta venditio est,

hanc confirmare non potuit consequens tempus, cum præscriptio in malæ fidei contractibus locum non habeat. »

Lorsqu'on se demande, en matière de prescription, quel sera l'effet de tel ou tel vice affectant le titre d'acquisition, il faut donc avoir soin de préciser à quel point de vue la question se pose, si c'est sous le rapport du titre, ou bien sous le rapport de la bonne foi. Si on ne considère que le juste titre, les nullités absolues ont seules l'effet de l'empêcher de naître ; le vice relatif, comme nous l'avons vu plus haut, ne s'opposant nullement à son existence. S'agit-il, au contraire, de décider la question de bonne foi, la règle n'est plus la même ; la nullité absolue et la nullité relative sont l'une et l'autre subversives de la bonne foi, pourvu, bien entendu, qu'elles soient connues du possesseur.

Ainsi, en résumé, la bonne foi consiste en ces trois éléments : croyance au droit de propriété de l'aliénateur ; croyance à sa capacité d'aliéner ; croyance à l'absence de tout vice dans l'acquisition. C'est à ces trois conditions que la loi attache la faveur qu'elle accorde au possesseur dans l'art. 2265, en le préférant au véritable propriétaire avant même l'obtention de la prescription ordinaire de trente ans.

284. Mais à quel moment la bonne foi, telle que nous venons de la définir, est-elle exigée du possesseur? La loi répond à cette question dans l'art. 2269. Le droit romain s'était contenté de l'existence de la bonne foi au moment de la tradition, sans tenir compte de la mauvaise foi qui survenait pendant le cours de la possession : *mala fides superveniens non impedit usucapionem.* Le droit canonique, au contraire, exigeait la continuation de la bonne foi pendant toute la durée de la possession, et nos anciens pays de coutume avaient suivi ce principe. Le Code avait à choisir entre ces deux règles opposées, et il a préféré le système romain ; il suffit, nous dit l'art. 2269, que la bonne foi ait existé au moment de l'acquisition.

285. Certaines personnes ont critiqué la préférence que le législateur moderne a accordée au droit romain sur ce point, parce que, disent-elles, il est fâcheux de mettre la loi en opposition avec la morale et de violer ouvertement les règles de l'équité; c'est ce que fait la disposition de l'art. 2269. Nous ne croyons pas, pour notre

part, que la loi ait été immorale en cette circonstance ; elle n'a été qu'indulgente. Deux motifs justifient cette indulgence. D'abord il fallait éviter des procès difficiles, que le principe du droit canonique engendrait nécessairement, par suite de la disposition que le propriétaire avait toujours à soutenir, dans son intérêt, que le possesseur était devenu de mauvaise foi à telle ou telle époque ; question pleine d'incertitude et d'une solution difficile. En second lieu, quoiqu'il y ait un acte contraire à la conscience à ne pas restituer le bien d'autrui que l'on possède sciemment, il y a une grande différence à faire entre celui qui a été de mauvaise foi en recevant la chose et celui qui l'a reçue de bonne foi, et vient à apprendre ensuite qu'elle appartient à autrui. Le premier fait un acte de friponnerie que rien n'excuse, le second mérite, au contraire, toute l'indulgence de la loi ; il a peut-être fait des dépenses considérables sur l'immeuble qu'il possède, avant de découvrir qu'il appartient à autrui, il a tout au moins payé son prix au vendeur, et ce dernier peut être insolvable au moment où la vérité vient à lui apparaître. Il me semble que, dans ces circonstances, on ne peut punir bien sévèrement le possesseur de n'avoir pas restitué la chose au propriétaire. Libre à lui d'accomplir un acte de délicatesse conforme à la conscience, mais la loi n'a pas voulu le lui imposer. Nous croyons, qu'à l'aide de ces deux considérations, la disposition de l'art. 2269 peut parfaitement se justifier en bonne législation, et qu'elle ne mérite point le reproche qu'on lui a peut-être un peu légèrement adressé.

286. Il nous reste à nous demander à quel moment précis la bonne foi est requise chez le possesseur. La loi nous dit que c'est au moment de l'acquisition. Mais est-ce au moment de l'acquisition de la possession, ou au moment de l'acquisition par le contrat ? Les auteurs se sont peu préoccupés de cette question ; néanmoins elle donne matière à difficulté.

En droit romain, la bonne foi devait exister, en général, au moment de la tradition ; en matière de vente, elle était exceptionnellement requise à deux époques, lors du contrat et lors de la tradition.

Chez nous, les termes de l'art. 2269 sont assez amphibologiques. Ils peuvent signifier l'acquisition de la possession ou l'acquisition

par le contrat. Que décider ? Il nous semble que le moment de l'acquisition, dont parle cet article, est celui du contrat, et voici ce qui
nous détermine à penser ainsi. En matière de prescription, les rédacteurs du Code emploient le mot *acquisition* dans un sens conditionnel, pour exprimer l'idée d'une acquisition qui aurait été
réelle, effective, si toutes les conditions voulues avaient été rem-
plies. Nous en trouvons la preuve dans l'art. 2265 : évidemment
le mot «acquiert» de cet article signifie «*qui aurait acquis*» s'il
eût reçu *a domino*. On peut en conclure avec raison que le mot
acquisition est pris ici dans le même sens, et qu'ainsi le législateur
se réfère à l'époque du contrat pour déterminer la bonne ou mauvaise foi de l'acquéreur. En conséquence, il suffira au possesseur,
pour réclamer la faveur de l'art. 2265, d'avoir été de bonne foi au
moment du contrat, en vertu duquel la chose lui a été transmise.

SECTION III.

Du laps de temps.

287. C'est par dix ou vingt ans que s'acquiert la prescription
privilégiée de l'art. 2265. Le délai est de dix ans entre présents, de
vingt ans entre absents. C'était le délai du droit romain ; mais le
Code a innové en deux points. D'abord, l'unité territoriale n'est
plus, comme à Rome, la circonscription d'une province, mais le
ressort d'une cour impériale. En outre, pour déterminer la présence ou l'absence, on ne s'attache plus, comme chez les Romains,
aux domiciles respectifs du propriétaire et du possesseur, mais
simplement à la situation de l'immeuble comparé au domicile de
celui contre lequel on prescrit. Ainsi, il y a présence, d'après l'article 2265, toutes les fois que le véritable propriétaire habite dans
le ressort de la cour impériale dans l'étendue de laquelle l'immeuble est situé ; il y a absence toutes les fois qu'il est domicilié
hors dudit ressort.

Cette dernière innovation est heureuse, elle améliore le droit
ancien en facilitant au propriétaire la surveillance de son bien. On

comprend, en effet, que cette surveillance est plus ou moins facile, suivant que l'immeuble est plus ou moins rapproché du domicile du propriétaire. C'est ce que nos législateurs ont parfaitement compris, en abandonnant sur ce point le système du droit romain et de notre ancien droit.

288. Il peut arriver que le propriétaire ait eu son domicile, en différents temps, dans le ressort et hors du ressort de la cour impériale; la loi a prévu ce cas. L'art. 2266 nous dit qu'il faut alors ajouter à ce qui manque aux dix ans de présence un nombre d'années d'absence double de celui qui manque pour compléter les dix années de présence. Si la pensée du législateur n'est pas douteuse, il faut avouer que les termes par lesquels il l'exprime renferment une inexactitude qui témoigne d'une singulière distraction. Qu'il nous suffise, pour rectifier la formule de la loi, de faire remarquer que ce n'est pas à ce qui manque aux dix ans de présence, mais bien aux années de présence déjà accomplies, qu'il faut ajouter un nombre d'années double de celui qui manque pour compléter les dix années de présence. Il résulte de là que la prescription de dix et vingt ans peut être de dix, de onze, de douze, de treize années, et ainsi de suite jusqu'à vingt; qu'elle peut même être, suivant les cas, d'un laps de temps composé d'années et de fractions d'année, et qu'elle serait bien mieux nommée prescription de dix à vingt ans.

289. On s'est demandé si la loi, en prenant pour base de son calcul la distance même à laquelle le propriétaire se trouve de son immeuble, a envisagé le domicile légal ou bien la résidence habituelle, le domicile de fait de ce propriétaire. La question est très controversée; elle divise les auteurs et les arrêts en deux parts égales.

290. Les personnes qui soutiennent qu'il s'agit du domicile légal se fondent sur les derniers mots de l'art. 2265 et les premiers mots de l'art. 2266. La loi, disent-elles, emploie deux fois l'expression *domicile*, et c'est à dessein; c'est le domicile qui sert à fixer la position de celui contre qui l'on prescrit. Elles ajoutent qu'en s'attachant à la simple résidence, on crée des difficultés de calcul qu'il est facile d'éviter en prenant pour base le domicile; le domicile, en effet, présente quelque chose de fixe, tandis que la

résidence est sujette à de fréquentes variations et à de nombreux déplacements.

290. Le second système, qui est celui que nous adoptons, se contente d'une simple résidence; il se fonde tout d'abord sur le mot *habite* dont se sert l'art. 2265; cette expression indique bien la résidence, le domicile de fait. On fait remarquer ensuite que bien souvent le mot *domicile* est pris *lato sensu* et signifie le domicile de fait, l'habitation ordinaire de la personne; c'est en ce sens que Pothier l'entendait dans son *Traité de la Prescription*, n° 107. Or, Pothier est le guide ordinaire des rédacteurs du Code, et rien n'autorise à penser que sa doctrine ait été abandonnée; bien au contraire, elle semble implicitement consacrée par les explications que l'orateur du gouvernement a fournies sur ce point dans son Exposé des motifs, où l'on ne trouve aucune expression qui fasse la plus légère allusion au domicile légal.

Quant à l'objection qui consiste à prétendre que la recherche du domicile de fait donnera lieu à des difficultés, parce qu'il faudra tenir compte des allées et venues du propriétaire, il est facile de la repousser en faisant remarquer que des déplacements passagers, de simples voyages, n'ont pas pour effet de changer la résidence habituelle. Une dernière raison assez péremptoire en faveur du second système, c'est que la loi avait à se préoccuper avant tout de la présence du propriétaire. En effet, puisqu'elle veut que le propriétaire ait connaissance de l'usurpation de son droit, il est évident qu'il aura plus facilement cette connaissance à raison du lieu où il se trouve qu'à raison de celui où il est censé se trouver par une fiction de la loi, et où peut-être il n'a jamais demeuré et ne demeurera jamais.

Pour terminer cette matière, nous avons à nous demander quels biens sont susceptibles de la prescription privilégiée de l'art. 2265.

292. La prescription décennale est une faveur, une mesure d'exception admise par dérogation aux règles générales sur la prescription; elle ne saurait donc être étendue au-delà des termes de la loi. L'art. 2265 n'admet à jouir de ce privilège que celui qui acquiert *un immeuble*; il faut donc en conclure qu'il ne peut profiter à ceux qui acquièrent des universalités, soit de meubles, soit d'immeubles. Ainsi, vous achetez d'un héritier putatif la succession à laquelle il croit avoir droit, vous avez juste titre et bonne foi; vous n'acquer-

rez les biens qui composent cette succession que par trente années de possession. Quant aux meubles particuliers, ils sont soumis à des règles spéciales que nous examinerons ultérieurement.

293. La prescription décennale, comme nous venons de le voir, ne s'applique qu'aux immeubles déterminés, mais elle s'applique à tous, à tous ceux du moins qu'une disposition particulière ne soustrait pas au principe général. Ainsi on acquiert par cette prescription, non seulement les immeubles corporels, mais encore les immeubles incorporels, c'est-à-dire les droits d'usufruit, d'usage ou d'habitation sur des immeubles. Il ne peut y avoir de doute sur ce dernier point. L'usufruit est un immeuble (art. 526); il est susceptible d'hypothèque (art. 2118); l'art. 2265 l'embrasse nécessairement dans ses termes généraux. Les droits d'usage et d'habitation sont aussi des immeubles qui tombent, comme l'usufruit, sous le coup de notre article. Il est vrai que la loi n'a pas, dans l'article 526, indiqué l'usage comme droit immobilier; mais, puisque l'usufruit n'est rien autre chose que le droit de jouir et le droit d'user réunis, il est clair que, lorsque les deux droits élémentaires qui le constituent sont séparés, ils sont immeubles de même que l'usufruit.

294. Les servitudes sont aussi des immeubles, l'art. 526 le déclare expressément. Reçoivent-elles l'application de l'art. 2265? Nous ne nous occupons ici que des servitudes continues et apparentes, réservant pour plus tard la question qui s'élève sur la prescriptibilité des servitudes discontinues ou non apparentes constituées par un titre émané *a non domino*. Cette réserve faite, que décider? Faut-il dire que les servitudes continues et apparentes s'acquièrent par la prescription de dix et vingt ans? Ou bien doit-on s'en tenir au texte de l'art. 690 qui, en parlant de la possession de trente ans, semble exclure la prescription de dix et vingt ans? Les deux opinions sont également soutenues.

295. Les personnes qui admettent l'acquisition de ces servitudes par la prescription décennale, disent d'abord que les servitudes réelles, aussi bien que les servitudes personnelles, sont rangées parmi les immeubles (art. 526); d'où la conséquence qu'elles ne sauraient échapper à la disposition de l'art. 2265, qui décide que

les immeubles peuvent s'acquérir par dix et vingt ans de possession avec juste titre et bonne foi.

Dans l'ancien droit, plus sévère en cette matière que le Code, puisqu'il rejetait toute prescription des servitudes sans titre, on avait appliqué aux servitudes fondées sur un titre la prescription décennale. Eh ! bien, dit le premier système, qu'est venu faire le Code en présence d'une jurisprudence qui appliquait la maxime : *Nulle servitude sans titre?* Evidemment le législateur, en édictant l'art. 690, n'a eu d'autre but que d'abolir, en ce qui concerne les servitudes continues et apparentes, la maxime qui s'opposait à leur prescriptibilité par la possession de trente ans, et que les coutumes de Paris et d'Orléans avaient formulée à peu près dans les mêmes termes ; la première dans son art. 186, la seconde dans son art. 218. Ainsi l'art. 690 du Code, en consacrant pour ces servitudes la prescription de trente ans, n'est pas exclusif de celle de dix à vingt ans. Le législateur avait un motif particulier de parler de la prescription trentenaire, puisqu'il innovait sur ce point, tandis qu'il pouvait passer sous silence la prescription décennale qu'il trouvait autorisée par les coutumes qu'il avait sous les yeux.

206. D'autres personnes décident, au contraire, que les servitudes continues et apparentes ne tombent pas sous l'application de l'art. 2265, et qu'elles ne sont susceptibles que de la prescription de trente ans. Ce second système s'appuie sur deux arguments principaux.

Le premier argument se tire de la rédaction même de l'art. 690 qui, en admettant la prescription de trente ans pour les servitudes, exclut par là même celle de dix à vingt ans. Dans ce système, l'art. 690 présente une alternative, d'après laquelle les servitudes continues et apparentes s'acquièrent ou par un titre émané *a domino* ou par une possession de trente années. Il n'y a pas de milieu possible entre ces deux modes d'acquisition.

Le second argument que fait valoir ce système, repose sur l'art. 2281. Puisque l'art. 690 indique limitativement les modes d'acquisition des servitudes dont il s'agit, il est de toute évidence que l'art. 2284 doit s'appliquer. Or, que porte ce dernier article ? Il dispose que les règles de la prescription sur d'autres objets que ceux mentionnés dans le présent titre, c'est-à-dire au siège même de la matière, sont expliquées dans les titres qui leur sont propres. Eh ! bien, dit-on, la prescription des servitudes est réglée dans un titre à part, et, puisque l'art. 2264 est relatif aux délais de la prescription et qu'il s'agit précisément ici d'une question de délai, on ne peut transporter dans la matière des servitudes la prescription décennale que l'art. 690 n'a pas consacrée dans sa disposition.

Le premier système répond à cet argument que l'art. 2264 n'a point le sens qu'on veut bien lui prêter, et, qu'il signifie simplement qu'en traçant les règles générales de la prescription, le Code n'entend pas abroger les dispositions particulières portées dans d'autres titres. Il en résulte que l'art. 690 reste intact, qu'il conserve le sens qu'il avait avant qu'on eût promulgué le titre de la prescription. Or, quel sens a-t-il ? Il introduit une prescription nouvelle, celle de trente ans, mais il n'exclut pas la prescription décennale avec juste titre et bonne foi.

297. Je me range sans hésiter à la seconde opinion, parce qu'il me semble que la combinaison des articles 690 et 2264 est d'une force irrésistible en sa faveur, puisque le premier règle la prescription spéciale des servitudes au point de vue des délais, et que le second a précisément pour objet de soustraire aux délais généraux de la prescription les matières pour lesquelles la loi fixe un délai spécial.

La Cour de cassation, dans sa jurisprudence sur cette question, a constamment adopté le second système, et nous croyons qu'elle a fait en cela une exacte interprétation de la loi.

Nous remarquerons, en terminant, que le législateur avait un juste motif de n'appliquer aux servitudes que le plus long délai de l'usucapion. L'usucapion des servitudes est plus dangereuse que celle de la propriété ou de l'usufruit. Le propriétaire aura beaucoup plus de peine à s'apercevoir de l'empiétement dirigé contre lui par un voisin, qui exerce une servitude sur son fonds, que lorsqu'un tiers possède son immeuble à titre de propriétaire ou d'usufruitier.

298. Nous arrivons tout naturellement à traiter ici la question que nous avons réservée plus haut, celle de savoir si la prescription décennale est applicable aux servitudes discontinues ou non

apparentes, quand elles sont exercées pendant le temps nécessaire, en vertu d'un titre émané *a non domino*.

299. Les auteurs qui se décident en faveur de la prescriptibilité de ces servitudes, argumentent de l'ancien droit. Ils citent l'autorité de d'Argentré, de Ferrière, de Pothier. Ces derniers auteurs écrivaient sous l'empire des coutumes de Paris et d'Orléans, qui admettaient la maxime : *nulle servitude sans titre.*

Ferrière, sur l'art. 186 de la coutume de Paris, décidait que les servitudes discontinues pouvaient s'acquérir par prescription avec titre émané *a non domino*, et, rapportant le texte de la disposition qu'il commentait, il faisait observer que cet article ne prohibait pas absolument la prescription des servitudes, mais seulement leur prescription sans titre.

Pothier, à son tour, sur un texte analogue à l'art. 186 de la coutume de Paris, sur l'art. 215 de la coutume d'Orléans, s'exprimait en ces termes : « Si le possesseur de l'héritage voisin qui passait, pour en être le propriétaire, m'a accordé, sur cet héritage, un droit de servitude, il n'a pu me donner un droit sur la chose dans laquelle il n'en avait pas lui-même; je n'en acquiers aucun, mais j'acquiers au moins *causam usucapiendi*, puisque je possède en vertu d'un titre d'acquisition, et ma possession ne peut passer pour une tolérance, puisque j'use du droit de servitude *tanquam existimans me jus servitutis habere.*

300. Telles étaient les conclusions de Ferrière et de Pothier. En présence d'un titre émané du propriétaire apparent, l'exercice de la servitude ne pouvait être considéré comme étant de pure familiarité ; la tolérance que présumait la loi disparaissait ; le titre restituait à la possession son caractère utile de possession *animo domini.* Si on opposait à ces auteurs que les coutumes n'admettaient pas de servitude sans titre, ils répondaient que, dans l'espèce, la possession n'était pas destituée de titre et que le titre émané *a non domino* suffisait pour empêcher que les coutumes fussent violées.

301. Le système que nous exposons transporte dans le Code la doctrine de Ferrière et de Pothier, et soutient que l'art. 691 n'est que la reproduction des dispositions précitées des coutumes de Paris et d'Orléans. Cependant, on exige que la possession prise en

12

vertu d'un titre apparent soit manifestement dégagée de toute tolérance. Les principes réclament ce tempérament.

Nous ne pouvons admettre cette doctrine, et nous tenons pour certain que l'art. 691 ne peut se plier à l'interprétation que lui donnent ces auteurs.

502. D'abord, le langage du Code est-il le même que celui des coutumes? nous ne le pensons pas. Les coutumes appliquaient la maxime : *nulle servitude sans titre*, mais ne fixaient pas le rôle que jouait le titre : dès lors on comprend avec quelle facilité leur texte se prêtait à la large interprétation des anciens auteurs. Que dit, au contraire, l'art. 691? Il déclare, dans son premier alinéa, que la servitude doit être et ne peut même être établie que par un titre. Il ne mentionne pas la possession comme élément de l'acquisition joint au titre. Il détermine d'une manière précise le rôle que joue le titre; il montre par là que le titre est le seul et unique élément de l'acquisition. Or, ce n'est pas de cette manière que le système contraire entend le rôle que doit jouer le titre dans l'acquisition de la servitude. Il fait résulter cette acquisition non point du titre seul, mais de la possession fondée sur un titre. Qui ne voit que cette manière d'interpréter l'art. 691 est forcée et s'appuie sur une choquante équivoque? Ce système fait confusion des différents sens du mot *titre*. En matière de prescription décennale, *titre* signifie un fait en apparence créateur d'un droit, mais qui ne l'a pas créé en réalité. Dans l'art. 691, au contraire, *titre* signifie un fait constitutif d'un droit, un fait duquel résulte immédiatement la création de la servitude.

Cela posé, si l'on prétend que la servitude peut s'acquérir par la possession fondée sur un titre, on se met en flagrante contradiction avec la loi; on invente un nouveau mode d'acquisition des servitudes, puisqu'il est vrai de dire alors que ce n'est pas le titre qui établit la servitude, mais la possession appuyée sur un titre.

503. Le système adverse, en expliquant l'art. 691 par l'ancien droit, oublie que le Code a adopté, en cette matière, des principes qui lui sont propres.

L'ancien droit ne faisait point de distinction entre les servitudes continues apparentes et les servitudes discontinues apparentes ou non apparentes. Toutes pouvaient s'acquérir par une possession fondée en titre ; aucune d'elles, en général, n'était susceptible d'une prescription sans titre. Le Code a répudié ce système par rapport aux servitudes continues et apparentes, puisqu'il permet de les acquérir par la possession de trente ans. Nous ne voyons pas pourquoi il n'aurait pas également modifié l'ancienne doctrine quant aux servitudes discontinues en prohibant leur acquisition par prescription.

504. Si nous rapprochons de l'art. 691 les autres dispositions de la section où il est placé, il nous semble que notre opinion puise une nouvelle force dans ce rapprochement. L'art. 690, qui précède immédiatement celui que nous interprétons, décide que les servitudes continues et apparentes s'acquièrent par titre ou par la possession de trente ans. Les mots « s'acquièrent par titre » désignent évidemment une constitution faite *a domino*. L'art. 691 qui vient après, au lieu de laisser la même alternative du titre ou de la possession trentenaire, ne permet plus que le titre. Il est manifeste qu'il s'agit là d'un titre créant la servitude par sa seule vertu.

505. Continuons ce rapprochement. L'art. 695 suppose qu'il existe des servitudes qui ne peuvent s'acquérir par prescription, puisqu'il s'exprime en ces termes : « *Le titre constitutif de la servitude, à l'égard de celles qui ne peuvent s'acquérir par la prescription.....* » Ce sont là des expressions générales qui excluent la prescription, quelle qu'elle soit, avec titre ou sans titre. Or, il ne peut être question, dans cette disposition, que des servitudes discontinues. Le même art. 695, en parlant d'un titre constitutif et en ajoutant d'une manière restrictive qu'il ne peut être remplacé que par un acte récognitif émané du propriétaire du fonds asservi, nous prouve d'une façon irrécusable que la prescription est impuissante à créer ces espèces de servitudes.

506. Nous ajouterons que cette interprétation était celle de Dunod (p. 291-292), auteur auquel le Code a emprunté presque tout ce qui touche à la prescription. Dunod, après avoir rapporté l'opinion générale des docteurs, ajoutait : « Je ne vois cependant pas qu'elle soit suivie parmi nous, et je crois que c'est parce que la possession immémoriale que nous désirons pour acquérir les servitudes discontinues, ne peut être suppléée que par un titre ca-

pable de les constituer, que le titre qui vient *a non domino* ne peut avoir cet effet. »

La solution que nous venons de développer paraît être celle des jurisconsultes qui ont écrit en dernier lieu sur la matière (1).

507. Nous devons encore nous poser une question assez délicate sur l'art. 2265. La prescription privilégiée de cet article s'applique-t-elle à l'extinction des charges qui grèvent un immeuble possédé de bonne foi pendant dix ou vingt ans? En d'autres termes, la prescription décennale, en même temps qu'elle fait acquérir la pleine propriété ou l'un de ses démembrements, est-elle aussi extinctive des charges qui grèvent la chose?

508. Une vive controverse s'élève sur cette question. Elle a donné lieu à trois opinions différentes. La première refuse à la prescription acquisitive de 2265 l'effet d'éteindre les charges qui grèvent un immeuble acquis *a domino* ou *a non domino*, peu importe. En effet, dit-on, les servitudes s'éteignent par le non-usage pendant trente ans (art. 706); donc, dix ou vingt ans ne peuvent suffire pour produire cette extinction. Si l'art. 2265 avait prévu directement ou indirectement le cas qui nous occupe, il n'y aurait nulle difficulté; mais cet article ne parle que de l'acquisition de la propriété, sans faire aucune mention des charges qui pèsent sur la chose; les art. 617 et 706 ne peuvent être tempérés par l'article 2265. Ce premier système n'admet l'extinction des servitudes que dans le cas de non-usage pendant trente ans.

509. Le second système résout la question par une distinction. Quand une personne acquiert *a non domino* un immeuble grevé d'une servitude, la prescription décennale qui court à son profit a pour objet de lui faire acquérir la propriété de la chose, et, comme la servitude n'est qu'un fragment de cette propriété, ce fragment se trouvera acquis avec le reste de la propriété : il s'agit alors d'une prescription à l'effet d'acquérir. Au contraire, quand une personne acquiert du vrai propriétaire un fonds qu'elle regarde comme libre de toute charge, il s'agit de prescrire non plus le

(1) Voyez en ce sens : Troplong, Prescrip., t. 2, n° 857; Vazeille, Prescrip., t. 1, n° 416; Duvergier, sur Toullier, t. 3, n° 629, note 2; Marcadé, art. 2220-2227, n° 4; Coulon, t. 2, p. 537.

fonds, mais la charge qui le grève : c'est une prescription à l'effet de se libérer, et la prescription libératoire d'une servitude est toujours de trente ans. Dans ce système, on n'applique l'art. 2265 à l'extinction des charges que lorsque le possesseur a acquis *a non domino*; dans le cas contraire, on applique purement et simplement les art. 617 et 706.

310. Nous n'admettons ni l'un ni l'autre de ces systèmes. Selon nous, le possesseur acquiert par la prescription décennale, comme par la prescription trentenaire, la propriété franche de toutes les charges qui pesaient sur elle.

C'était la doctrine de l'ancien droit. La même question s'élevait sur l'art. 114 de la coutume de Paris. Pothier (1) la décidait en disant que l'art. 114 de cette coutume, qui résulte de la possession qu'un acquéreur de bonne foi a eue d'un héritage qu'il a regardé comme franc des droits de servitude dont il était chargé, n'avait rien de commun avec la prescription libératoire des servitudes, que l'art. 186 de la même coutume faisait résulter du non-usage pendant trente ans. Dans le premier cas, il s'agissait d'une prescription acquisitive qui pouvait s'accomplir par dix et vingt ans avec juste titre et bonne foi ; tandis que, dans le second, il s'agissait d'une prescription libératoire résultant uniquement du non-usage de la servitude, et qui, aux termes de l'art. 186 de la coutume, ne pouvait s'accomplir que par trente ans.

Le raisonnement de Pothier doit se faire sous le Code. Les articles 617 et 706 du Code, n'ont fait que reproduire l'art. 186 de la coutume de Paris, et l'art. 2265 n'est que la consécration, dans notre droit moderne, de la disposition de l'art. 114 de cette même coutume.

311. D'ailleurs, l'art. 2180, relatif à la prescription de l'hypothèque, vient confirmer pleinement notre système. Cet article nous fournit une preuve décisive que le Code Napoléon, en cette matière, a été conçu dans l'esprit de la coutume de Paris. Lorsqu'un immeuble hypothéqué est entre les mains de celui qui a constitué l'hypothèque ou de ses héritiers, l'hypothèque ne peut se prescrire que par le temps nécessaire pour la prescription de l'obligation

(1) Pothier (Prescr. n° 139.)

qu'elle garantit, parce qu'il s'agit alors d'une prescription libératoire. Quand le même immeuble passe entre les mains d'un tiers
acquéreur, la règle est différente, l'hypothèque se prescrit par
trente ans, ou par dix et vingt ans, avec juste titre et bonne foi,
parce qu'il s'agit alors d'une prescription acquisitive.

512. Si nous transportons cette doctrine dans la matière des servitudes, nous devons décider que lorsque le possesseur se fonde sur
le non-usage des servitudes, pour invoquer la prescription libératoire qui les éteint, les art. 617 et 706 s'appliquent, et la prescription est alors de trente ans ; tandis que, lorsque l'acquéreur de
bonne foi se fonde sur la possession du fonds comme libre de toute
espèce de servitude, et invoque la prescription acquisitive, l'art.
2265 reçoit son application, et la prescription est alors de dix et
vingt ans.

Ainsi, dans notre opinion, celui qui a prescrit la propriété par
dix et vingt ans, l'a acquise franche de toutes les charges qui pesaient
sur la chose, et celui qui a reçu *a domino* un immeuble déclaré
franc de toutes charges, acquiert par le même laps de temps la liberté
de cet immeuble. En d'autres termes, la prescription décennale,
en même temps qu'elle est acquisitive des immeubles, est aussi
extinctive des charges qui peuvent grever ces immeubles.

513. Les règles sur la prescription acquisitive reçoivent trois
dérogations remarquables dans l'art. 960. Voici l'espèce prévue par
cet article. Une personne qui n'a pas d'enfants, fait donation
d'un de ses immeubles; plus tard lui naît un enfant, la donation est
révoquée de plein droit (art. 960). Le donataire continue néanmoins à posséder la chose, il n'est pas détenteur précaire, il peut la
reconquérir à l'aide de la prescription : l'art. 960 l'y autorise.

La prescription devrait commencer à courir du jour où la donation a été révoquée, c'est-à-dire du jour de la naissance du premier
enfant; ce serait le droit commun. Aux termes de l'art. 960, les
délais de la prescription ne courent qu'à partir du jour de la naissance du dernier enfant, même posthume, du donateur. Voilà une
première dérogation aux principes généraux.

Lorsque le donataire aura possédé pendant trente ans, à partir
de l'époque fixée, il sera devenu propriétaire. Mais en vertu de
quel titre? D'après les principes généraux, ce ne devrait pas être

titulo donationis, puisque la donation a été anéantie, ce devrait être *titulo præscriptionis*. L'art. 966 décide formellement que le donataire aura acquis la propriété de l'immeuble *titulo donationis*. Voilà une seconde dérogation au droit commun.

Tout ce que nous venons de dire s'applique non seulement au donataire ou à ses héritiers, mais encore à ses ayant cause et à tout autre détenteur. Si le donataire vend la chose à une personne de bonne foi, cette dernière ne pourra invoquer la prescription décennale, elle ne prescrira que par trente ans, à partir de la naissance du dernier enfant. Si un tiers s'empare de la chose, il prescrira par trente ans, non pas à dater de sa possession, mais à partir de la naissance du dernier enfant du donateur.

Le droit exceptionnel, que nous venons d'exposer, a été introduit par l'ordonnance de 1731, et le Code Napoléon n'a fait que le conserver et le consacrer dans l'art. 966.

CHAPITRE III.

DE LA PRESCRIPTION DES MEUBLES.

514. Les meubles sont soumis, dans notre droit, à une prescription spéciale, réglée par les articles 2279 et 2280.

En droit romain, d'après la loi des Douze-Tables, l'usucapion des meubles était d'un an; Justinien la porta à trois ans. Dans tous les cas il fallait juste titre et bonne foi. Les meubles volés étaient imprescriptibles.

515. Nous ne trouvons, dans l'ancien droit français, rien de fixe par rapport à la prescription des meubles. Il régnait même, en cette matière, la plus grande confusion. La prescription des meubles n'avait pas été réglementée, en général, parce que ces biens étaient considérés comme choses viles et de peu d'importance, suivant cet ancien adage : *vilis mobilium possessio*. Au milieu de la confusion des coutumes, on peut cependant démêler les résultats suivants. Dans certaines coutumes on admettait la prescription de trente ans, et on rejetait l'imprescriptibilité des meubles volés. La prescription triennale de Justinien avec juste titre et bonne foi

était très débattue. Dans les coutumes où elle était admise, on décidait, en général, que le possesseur n'avait pas besoin de rapporter un titre écrit; que la possession suppléait au titre.

Enfin, et c'est ce qu'il nous importe le plus de connaître, un usage remarquable s'était établi au Châtelet de Paris. La revendication d'un meuble n'était pas autorisée contre un possesseur de bonne foi, et ainsi l'acquéreur d'un meuble aliéné *a non domino* en devenait propriétaire par l'effet instantané de sa possession, sauf quelques exceptions (1). Cette règle de la jurisprudence du Châtelet avait été résumée par Bourjon en ces termes : *En fait de meubles possession vaut titre*. Cette règle a été reproduite mot pour mot dans l'art. 2279 du Code Napoléon. Ainsi donc sous le Code, comme sous la jurisprudence du Châtelet, la possession de bonne foi d'un meuble en fait acquérir instantanément la propriété.

586. En présence de cette filiation historique de l'art. 2279, on a peine à comprendre comment certains auteurs ont pu se méprendre sur la portée de sa disposition.

On a prétendu que l'art. 2279 signifie que le possesseur d'un meuble en est présumé propriétaire jusqu'à preuve contraire. Mais cette interprétation est directement opposée au texte, puisque la loi dit que la possession vaut titre et non pas qu'elle le fait présumer. Elle est aussi peu raisonnable, puisque le possesseur d'un immeuble en est également présumé propriétaire. A ce compte, le premier alinéa de l'art. 2279 n'aurait aucune signification, puisqu'il ne ferait que répéter, sans la moindre utilité, une règle de droit commun. D'ailleurs le second alinéa de cet article explique le premier. En effet, si, dans les cas de perte ou de vol, les meubles peuvent, par exception, être revendiqués contre le possesseur, c'est qu'en règle générale, un meuble n'a pas de suite et ne peut se revendiquer.

587. Des auteurs ont soutenu que la prescription des meubles ne peut s'accomplir que par trois ans, et que l'art. 2279 — 1° signifie que, pour invoquer cette prescription, on est dispensé de représenter un juste titre. Mais cette doctrine est formellement contredite par

(1) Bourjon (Droit commun de la France, tit. 1, p. 458, 1094.)

l'art. 1141. Cet article suppose, en effet, qu'une chose mobilière, vendue à un premier acheteur, a été vendue et livrée à un second acheteur. Eh! bien, dans cette circonstance, quoique le second acheteur ait acquis *a non domino*, il sera devenu propriétaire par une possession instantanée. Il nous semble que cet article ne peut laisser aucun doute sur la prescription instantanée des meubles. Nous disons la prescription instantanée des meubles, parce que nous croyons que l'art. 2279 consacre une véritable prescription acquisitive ; c'est, il est vrai, une prescription tout exceptionnelle, dispensée du laps de temps, mais ce n'en est pas moins une prescription, à laquelle doivent s'appliquer les règles générales de la prescription. Ainsi elle devra être opposée pour être acquise ; les juges ne pourront la suppléer d'office (art. 2223).

518. Mais à quelles conditions est subordonnée l'application de la règle : *En fait de meubles possession vaut titre?* L'art. 2279 n'en indique aucune autre que la possession, et, au premier abord, les conditions que nous allons énumérer pourraient paraître arbitraires; mais l'art. 1141 doit nous servir à compléter l'art. 2279, et nous trouvons, dans le premier, ce que le second a laissé sous-entendu.

La première condition pour opposer la prescription instantanée des meubles, c'est une possession réelle de la chose. Le constitut possessoire ne suffirait pas. Si le vendeur garde la chose en qualité de dépositaire ou de commodataire, l'acheteur ne pourra invoquer la règle contre le propriétaire.

En second lieu, il faut que le possesseur ait juste titre et bonne foi, en d'autres termes, réunisse les mêmes conditions que celles exigées pour la prescription des immeubles par dix et vingt ans. D'abord il faut un juste titre, c'est-à-dire l'un des modes légaux de transmission de la propriété. On peut trouver étrange, au premier abord, de demander l'existence réelle d'un titre dans un cas où la loi décide que la possession remplace le titre. Mais il ne faut pas réfléchir bien profondément pour voir que le titre que remplace la possession en cette circonstance, c'est le titre efficace, le titre même de propriétaire, tandis que le titre que nous exigeons pour produire l'acquisition instantanée de la propriété, c'est le titre émané *a non domino* qui, ne pouvant par lui-même transférer la propriété, a besoin du secours de la prescription. En distinguant les deux sens différents du mot titre, l'apparente contradiction que nous signalons se trouve facilement levée. D'ailleurs le fait de la possession fait présumer l'existence du juste titre, car l'on n'est pas dans l'usage de constater par écrit les acquisitions et transmissions de meubles.

Mais le juste titre ne suffit pas, il faut encore y joindre la bonne foi. Nous n'avons pas besoin de répéter tout ce que nous avons dit du juste titre et de la bonne foi en traitant de la prescription décennale. Ce sont les mêmes principes qu'il faut suivre ici, si ce n'est que, dans la prescription des meubles, le juste titre est présumé, tandis que, dans la prescription réglée par l'art. 2265, il doit être prouvé par le possesseur.

319. Pour justifier la nécessité des diverses conditions que nous venons d'énoncer, et dont l'art. 2279 n'a pas pris la peine de s'occuper, nous avons dit qu'il fallait se reporter à l'art. 1141. Ce dernier article suppose, en effet, une vente faite *a non domino*, par un vendeur infidèle à qui la chose n'appartient plus, puisqu'il l'a déjà vendue à un premier acheteur ; il exige formellement la bonne foi chez le second acheteur et une possession réelle de la chose. Voilà bien les trois conditions que nous avons exposées, et il n'est pas douteux qu'elles doivent se rencontrer non pas seulement dans le cas spécial réglé par l'art. 1141, mais dans tous les cas d'application de l'art. 2279.

320. Il est bon de se demander les motifs qui ont fait admettre, d'abord par la jurisprudence du Châtelet, ensuite par le Code Napoléon, la prescription exceptionnelle dont nous nous occupons. On peut donner de l'art. 2279 les deux raisons suivantes : la circulation des meubles est très rapide, leur transmission ne se constate presque jamais par écrit ; la sécurité du commerce demande qu'on n'expose pas l'acquéreur à une revendication contre laquelle il ne pouvait se prémunir, n'ayant eu aucun moyen de se faire justifier la propriété de son vendeur. En second lieu, l'art. 2279 est une application de la règle générale de l'art. 1382. On peut dire que le propriétaire, qui a placé sa confiance dans un individu qui l'a trompé, a une négligence, une faute à s'imputer. Si ce propriétaire pouvait agir contre le tiers de bonne foi, il lui devrait des

dommages-intérêts ; les meilleurs qu'il puisse lui fournir, c'est de le laisser maître de la chose. Il ne peut point lui causer un préjudice dont il devrait l'indemniser ; entre le propriétaire imprudent et le tiers irréprochable, on ne pouvait balancer un instant ; s'il y a une perte à éprouver, elle sera supportée par le propriétaire.

521. L'art. 2279 s'applique non seulement à la propriété, mais encore à ses démembrements, l'usufruit, le gage. J'ai acheté *a non domino* l'usufruit d'un meuble, ma possession de bonne foi vaut usufruit contre le propriétaire. De même, si j'ai reçu *a non domino*, un droit de gage sur la chose d'autrui, ma détention vaut titre constitutif du droit de gage (art. 1815 et 2102-4°). Dans ces articles, on suppose qu'un propriétaire, voulant se faire payer les loyers qui lui sont dus, trouve chez son locataire un meuble qui ne lui appartient pas. Le bailleur possède ce meuble à titre de gage par cela seul qu'il est dans sa maison, et, s'il est de bonne foi, il pourra exercer son droit de gage à l'encontre du propriétaire.

522. Non seulement la prescription de l'art. 2279, fait acquérir la propriété et ses démembrements, mais encore elle éteint les droits réels dont la chose est grevée. Nous en trouvons la preuve dans l'art. 2102-4°. Le vendeur d'un meuble a un privilège sur le meuble par lui vendu ; mais, lorsque ce meuble n'est plus en la possession de l'acheteur, le vendeur ne peut exercer son privilège contre un tiers acquéreur de bonne foi. Il faut en dire de même de l'usufruit et du gage. J'achète *a non domino* un meuble grevé de l'un ou l'autre de ces droits, ma qualité d'acheteur de bonne foi de la pleine propriété me protège contre l'usufruitier et le créancier gagiste.

523. Nous avons à nous demander maintenant, à quels meubles s'applique la prescription de l'art. 2279. Notons d'abord qu'elle ne peut s'appliquer qu'aux meubles individuels. Les universalités de meubles ne sont soumises qu'à la prescription trentenaire. Il en était ainsi dans les anciens principes, et les paroles de l'orateur du gouvernement, dans l'Exposé des motifs, ne peuvent laisser aucune incertitude sur ce point. M. Bigot de Préameneu disait en effet :

« S'il s'agissait d'une universalité de meubles, telle qu'elle échoit à un héritier, le titre universel se conserve par les actions qui lui sont propres. »

324. Mais la disposition de l'art. 2279 s'applique-t-elle à tous les meubles individuels ? Non, elle ne s'applique qu'à ceux pour lesquels existent les motifs qui l'ont fait admettre. Or, pour quels meubles les transmissions de propriété ne sont-elles pas ordinairement constatées par écrit ? De quels meubles peut-on dire aussi qu'ils sont soumis à une circulation si rapide, qu'en permettre la revendication entre les mains d'un possesseur de bonne foi serait la source d'une foule de procès et la ruine de la confiance et de la sécurité du commerce ? Évidemment ces deux raisons ne s'appliquent qu'aux meubles corporels, qui se passent de la main à la main, sans rédaction d'écrit.

325. Les meubles incorporels ne sont donc pas soumis à la règle de l'art. 2279. Ainsi, une créance vendue *a non domino*, à un acheteur de bonne foi, reste la propriété du véritable créancier. Le titre de la créance constate à qui elle appartient. L'acheteur aurait dû demander à son vendeur la représentation d'un écrit constatant qu'il était ou l'héritier ou le cessionnaire du créancier indiqué sur le titre.

Nous ferons une exception pour les titres au porteur et les billets de banque. La détention du titre de ces créances en fait présumer la propriété rapide, et le cessionnaire n'a aucun moyen de s'assurer de l'identité du créancier.

Ainsi, en résumé, l'art. 2279 s'applique à tous les meubles corporels et aux meubles incorporels qui se transmettent de la main à la main.

326. Après avoir posé le principe de l'acquisition des meubles par une prescription instantanée, la loi y fait deux exceptions. La règle de l'art. 2279-1 ne protège pas l'acquéreur de bonne foi d'un meuble perdu ou volé. Ces deux exceptions s'expliquent par cette idée, qu'on ne peut reprocher au propriétaire, dont la chose a été perdue ou volée, la même négligence qu'à celui qui a imprudemment placé sa confiance dans une personne qui en a abusé. Je dépose un meuble chez Primus, qui le vend à Secundus, ce dernier me dira que j'ai commis une faute qui ne doit pas lui être préjudiciable. Le même langage ne peut être tenu au cas de perte ou de vol, parce que ce sont là deux événements qui trompent les propriétaires les plus prudents.

527. Le meuble perdu ou volé ne sera acquis au possesseur de bonne foi qu'après trois ans écoulés à partir du jour de la perte ou du vol (art. 2279-2°). Mais il faut bien se garder de croire que la loi exige trois ans de possession chez l'acquéreur. La loi demande seulement que trois ans se soient écoulés depuis la perte ou le vol, elle veut assurer au propriétaire un délai raisonnable pour revendiquer la chose contre les tiers acquéreurs. Le voleur ou celui qui a trouvé la chose a pu la vendre quelques jours avant l'expiration des trois ans qu'exige notre article; le possesseur de bonne foi, n'eût-il possédé qu'un jour ou deux, sera protégé contre la revendication du propriétaire.

On en a voulu conclure que cette prescription est libératoire et non point acquisitive. En effet, dit-on, puisque le délai de la prescription court contre le propriétaire, quand même personne ne possèderait la chose de bonne foi, et qu'il suffit qu'au moment précis de l'expiration des trois ans, il se trouve un possesseur de bonne foi, qui invoque la prescription, il s'agit là d'une prescription libératoire de l'action en revendication. Nous avouons qu'il y a dans cette prescription quelque chose de particulier; mais cela ne suffit pas pour en faire une prescription libératoire. Nous aimons mieux y voir une prescription acquisitive : elle s'appuie sur la possession et fait acquérir la propriété.

528. Il nous reste à nous demander ce que l'on doit entendre par chose volée. A Rome, le vol était tout maniement frauduleux de la chose d'autrui, de telle sorte que l'emprunteur, le dépositaire, le locataire, qui vendaient la chose par eux détenue à ce titre, commettaient un vol. En droit français, la définition du vol est beaucoup plus restreinte. Le vol est, aux termes de l'art. 379, C. p., une soustraction frauduleuse de la chose d'autrui. Dans les autres circonstances qui se rapprochent de celle-ci, la loi ne voit plus un vol : c'est un abus de confiance ou une escroquerie.

Laquelle de ces deux définitions convient au vol dont s'occupe notre article? Certaines personnes se sont décidées en faveur de la définition romaine par la raison que, le Code pénal étant postérieur au Code Napoléon, on ne peut, d'après elles, interpréter le second par le premier. Mais, nous n'admettons pas cette manière de voir.

Déjà, dans l'ancien droit, la définition du vol avait été restreinte, au témoignage de Bourjon (1). D'ailleurs, il nous semble que l'art. 1141 nous fournit une preuve directe que l'exception doit s'entendre du cas de vol, tel qu'il est défini par le Code pénal. Avec la doctrine romaine, la vente consentie par une personne, d'un meuble qu'elle a vendu déjà à un premier acheteur, aurait certainement constitué un vol. Ce n'est pas un vol chez nous, autrement la règle de l'art. 2279 n'aurait pas été applicable. Cela nous montre bien que la loi prend le mot vol dans le sens restreint que lui donne le Code pénal. Dans l'espèce de l'art. 1141, il y a un abus de confiance et non pas un vol.

329. On s'est demandé s'il ne fallait pas appliquer à l'escroquerie ce que la loi dit du vol. L'escroc est celui qui emploie des manœuvres frauduleuses pour se faire remettre la chose d'autrui. Il est des personnes qui assimilent ici l'escroquerie au vol, parce que celui dont le meuble a été escroqué n'a pas donné un consentement sérieux, et ne mérite aucun reproche. Nous pensons, au contraire, que l'art. 2279 contenant une disposition générale et un principe fondamental de notre droit et n'autorisant que deux exceptions à la règle qu'il pose, ce serait aller contre la loi que d'étendre ces exceptions aux cas non prévus. Le vol et l'escroquerie sont deux délits différents, en droit pénal. On peut ajouter que la victime de l'escroquerie aura souvent à se reprocher une certaine négligence, de laquelle ne doit pas souffrir le tiers acquéreur de bonne foi.

330. Tout ce que nous avons dit de la prescription des meubles perdus ou volés ne concerne nullement celui qui a volé ou trouvé la chose. Ceux-ci sont de mauvaise foi et de très mauvaise foi, et ils ne prescriront que par trente ans comme tout possesseur de mauvaise foi. Cette prescription suppose une possession qui a continué sans interruption, pendant le délai de trente ans, avec toutes les conditions requises. C'est une prescription acquisitive à tous les points de vue.

331. On a soulevé, par rapport au voleur, la question suivante:

(1) Droit commun de la France (t. 2, p. 693).

Aux termes des art. 657 et 658, C. inst. cr., l'action en réparation d'un crime ou d'un délit se prescrit avec l'action publique par dix ou trois années, suivant les cas. Le vol peut constituer tantôt un délit, tantôt un crime, suivant qu'il est simple ou qualifié. Cela étant, le voleur ne pourra-t-il pas se retrancher derrière ces articles pour prétendre qu'après les délais ci-dessus, toute action contre lui est éteinte ? Nous ne le croyons pas. Sans doute, l'action civile est prescrite au profit du voleur, par dix ou trois années sans poursuites ; mais autre chose est l'action civile en dommages-intérêts qui tend à obtenir une somme d'argent, autre chose l'action en revendication du bien dont on se prétend propriétaire. On ne pourra plus poursuivre le voleur à titre de voleur, mais rien n'empêche de le poursuivre par action réelle comme détenteur de la chose.

On objecte que le voleur opposera au revendiquant sa possession, et que, comme dans le doute il est présumé de bonne foi, le propriétaire devra, pour détruire cette présomption, prouver le vol : or, c'est ce que la loi a eu pour but d'empêcher, en restreignant dans les mêmes délais l'exercice de l'action publique et de l'action civile. Cette objection est grave ; mais, comme il s'agit d'une disposition rigoureuse, nous inclinons à admettre l'opinion la plus favorable au propriétaire. Celui-ci ne pourra pas parler de vol, mais avec des précautions il arrivera à donner aux juges la conviction de la mauvaise foi, d'autant plus que les juges ne manqueront pas, en pareil cas, de montrer toute la bonne volonté possible.

552. L'exception, qui permet de revendiquer pendant trois ans les meubles perdus ou volés, reçoit elle-même une exception dans l'art. 2280. Cet article suppose que le possesseur actuel a acheté la chose perdue ou volée, dans une foire, ou dans un marché, ou dans une vente publique, ou d'un marchand vendant des choses pareilles. Le propriétaire ne pourra alors exercer la revendication qu'en remboursant au possesseur le prix que la chose lui a coûté ; mais il a, bien entendu, l'action en dommages-intérêts contre celui qui a volé la chose ou qui l'a trouvée sans la déclarer. Le tempérament apporté à la règle, qui permet pendant trois ans la reven-

dication d'un meuble perdu ou volé, trouve sa raison d'être dans cette considération que, dans les cas déterminés par l'art. 2280, la bonne foi du possesseur est si palpable, son erreur si excusable, qu'on ne saurait sans injustice lui refuser le remboursement de la somme qu'il a dépensée pour l'acquisition de la chose.

POSITIONS

DROIT ROMAIN.

I. Les biens des pupilles étaient-ils soumis à l'usucapion? — Il faut distinguer.

II. Le Rescrit de Sévère et Antonin, qui introduit la jonction de possession au profit des successeurs particuliers, s'applique aussi bien à l'usucapion qu'à la prescription de long temps.

III. Le jugement constitue-t-il un juste titre pour l'usucapion?— Non, en général.

IV. Par exception aux principes généraux, la bonne foi, dans l'usucapion *pro donato*, devait persévérer pendant toute la durée de la possession.

V. La juste cause et la bonne foi sont-elles deux conditions distinctes, en matière d'usucapion? — Nous le pensons.

VI. L'usufruit et les servitudes étaient-ils susceptibles de la prescription de dix ou vingt ans? — Il faut distinguer les époques.

VII. L'action publicienne, de même que l'usucapion, compète

aussi bien à celui qui a la chose *in bonis* qu'à celui qui en a la *bonæ fidei possessio.*

VIII. Dans le droit des jurisconsultes classiques, le possesseur de bonne foi gagne les fruits perçus et non consommés avant la litis-contestation.

DROIT FRANÇAIS.

I. L'art. 2225, en ce qui concerne les créanciers de celui qui renonce à la prescription, n'est qu'une application pure et simple du droit commun.

II. La possession, que la loi reconnaît et protège, est-elle un fait ou un droit ? — Elle est un droit.

III. En ce qui touche à la possession à l'effet de prescrire, la violence est un vice relatif en ce sens que le propriétaire ne peut agir contre le possesseur de bonne foi, quoique la violence d'un tiers ait mis obstacle à l'exercice de son action.

IV. Le vice de précarité est un vice absolu.

V. La possession publique à son origine, qui devient ensuite clandestine, est-elle une possession utile pour prescrire ? — Non, en principe.

VI. Le vendeur qui ne livre pas la chose vendue, le donateur qui conserve la possession de la chose donnée, ne sont pas détenteurs précaires.

VII. Le caractère de non équivoque, que l'art. 2229 requiert dans la possession, a pour but principal de modifier les présomptions des art. 2230 et 2231.

VIII. Celui qui, après avoir été dépossédé pendant plus d'une année, rentre en possession en vertu d'un jugement rendu au pétitoire, peut-il joindre à sa possession celle de son adversaire ? — Oui.

IX. La prescription acquisitive s'applique-t-elle aux créances et aux rentes ? — Non.

X. Les servitudes qui sont à la fois continues et apparentes, peuvent-elles s'acquérir par la prescription décennale ? — Non.

XI. Le Code Napoléon admet-il au bénéfice de la prescription décennale le possesseur qui ne peut invoquer en sa faveur qu'un juste titre putatif ? — Non, il exige un juste titre réel.

XII. La prescription privilégiée de l'art. 2265 est-elle applicable aux servitudes discontinues ou non apparentes exercées en vertu d'un titre émané *a non domino* ? — Non.

XIII. La prescription décennale, en même temps qu'elle est acquisitive des immeubles, est aussi extinctive des charges qui peuvent grever ces immeubles.

XIV. L'art. 2279, en ce qui concerne les diverses conditions nécessaires pour invoquer la règle : en fait de meubles, possession vaut titre, doit être complété par la disposition de l'art. 1141.

DROIT DES GENS.

I. Le blocus de cabinet n'est pas conforme aux principes du droit des gens philosophique.

II. Le flibustier peut être assimilé au pirate et, comme tel, capturé par tout navire de guerre.

HISTOIRE DU DROIT.

I. Le principe de l'inaliénabilité et de l'imprescriptibilité du domaine royal ne fut posé formellement que dans l'ordonnance de Moulins, en 1560.

II. L'annalité de la possession juridique a son origine dans les principes du droit féodal développés sous l'empire des souvenirs du droit germanique.

DROIT CRIMINEL.

I. Le tribunal correctionnel, acquittant le prévenu, ne peut pas le condamner à des dommages-intérêts.

II. La prescription de l'action publique et de l'action civile résultant d'un délit aura un point de départ différent, suivant qu'il s'agira d'un délit instantané, d'un délit successif ou d'un délit d'habitude.

Vu par le Président de la thèse,
ROYER-COLLARD.

Vu par le doyen de la Faculté,
C. A. PELLAT.

Permis d'imprimer :
Le Vice-Recteur,
CAYX.

www.ingramcontent.com/pod-product-compliance
Lightning Source LLC
Chambersburg PA
CBHW060541210326
41519CB00014B/3304